सरल-गीता

(श्रीमद्भगवदगीता का गाने योग्य सरल हिन्दी में अनुवाद,
महात्म्य तथा महापुरुषों के विचार एवं आरती व गीता सार)

अनुवादक :

दिनेश चन्द्र छिम्वाल (गणेश)

डायमंड बुक्स

www.diamondbook.in

प्रथम संस्करण : 2010

द्वितीय संस्करण : 2022

प्रस्तुति : परम-कला

135/5, सैक्टर-2, रोहिणी, दिल्ली-110085

दूरभाष : 9582299989

ईमेल : dineshchhimwal1957@gmail.com

प्रकाशक : डायमंड पॉकेट बुक्स (प्रा.) लिमिटेड

X-30, ओखला इंडस्ट्रियल एरिया, फेज-II

नई दिल्ली-110020

फोन : 011-40712200

ई-मेल : sales@dpb.in

वेबसाइट : www.diamondbook.in

संस्करण : 2023

मुद्रक :

Saral Geeta
by : Dinesh Chandra Chhimwal (Ganesh)

-: गीता उपदेश का कारण :-

आज से पाँच हजार वर्ष पूर्व श्री कृष्ण ने अपने प्रिय मित्र तथा शिष्य अर्जुन को, जो कुरूक्षेत्र में युद्ध के मैदान को छोड़कर जाने को तैयार था। उस समय युद्ध को छोड़कर जा रहे अर्जुन के मन में जोश भरने के लिए। ताकि वो युद्ध करे और अपना कर्म पूरा करे उस समय श्री कृष्ण ने शिक्षा दी, जो उपदेश दिया उसी का नाम श्रीमदभगवद्गीता है। उसी को सरल गीता के रूप में आपके समक्ष प्रस्तुत किया है।

कुरुवंश में उत्पन्न धृतराष्ट्र व पाण्डु दोनों सगे भाई थे। धृतराष्ट्र बड़े भाई थे लेकिन जन्म से अंधे थे। इसलिए राजा का पद छोटे भाई पाण्डु को मिला परंतु कम आयु में पाण्डु की मृत्यु हो गयी। इसलिए राजा का पद पाण्डु पुत्रों के बड़े होने तक, पाण्डु के पाँचों पुत्रों तथा उनकी माता कुन्ती की देखभाल का कार्य धृतराष्ट्र को मिला तथा उन्हें कुछ समय के लिए राजा बना दिया। उस समय सैन्य कला सिखाने के लिए गुरू दोणाचार्य तथा पितामाह भीष्म उनके परामर्शदाता थे।

धृतराष्ट्र का बड़ा बेटा दुर्योधन पाण्डु पुत्रों से ईर्ष्या तथा घृणा करता था। अंधे व दुर्बल हृदय धृतराष्ट्र पाण्डु पुत्रों के स्थान पर अपने पुत्रों को राज्य का उत्तराधिकारी बनाना चाहते थे। इसलिए धृतराष्ट्र की सहमति से पाण्डु के युवा पुत्रों की हत्या करने का षड्यंत्र रचा गया।

पाँचों पाण्डव अपने चाचा विदुर जोकि उस समय हस्तिनापुर के प्रधानमंत्री थे, तथा अपने ममेरे भाई भगवान कृष्ण के संरक्षण में रहने के कारण अनेक प्राणघातक आक्रमणों के बाद भी वे अपने प्राण सुरक्षित रख पाए। लेकिन चतुर दुर्योधन ने पाडवों को जुआ खेलने के लिए ललकारा व पाण्डवों की पत्नी द्रोपदी को जुए में जीत कर निर्वस्त्र करने का प्रयास किया। तब श्रीकृष्ण के हस्तक्षेप से उसकी रक्षा हो सकी, लेकिन तेरह वर्ष का वनवास तथा अपने राज्य से भी उनको वंचित होना पड़ा।

वनवास से लौट कर पाण्डु पुत्रों ने अपना राज्य धृतराष्ट्र पुत्र दुर्योधन से माँगा लेकिन दुर्योधन ने पाँच भाईयों के लिए पाँच गाँव देना तो दूर बिना युद्ध के सुई की नोक के बराबर भूमि भी देने में सहमत नहीं हुआ।

अब तो पाण्डवों की सहनशीलता टूटने लगी। युद्ध न करना असंभव हो गया। कुछ राजा अपनी सेनाओं के साथ पाण्डवों की ओर से और कुछ दुर्योधन की ओर से लड़ने को तैयार हो गए।

श्री कृष्ण ईश्वर के रूप में युद्ध नहीं करना चाहते थे। इसलिए उन्होंने पाण्डवों व कौरवों के समक्ष दो विकल्प रखे। एक अकेले बिना हथियार के कृष्ण। दूसरा उनकी संपूर्ण सेना।

राजनीति में कुशल दुर्योधन ने तुरंत उनकी सेना को माँग लिया। जबकि पाण्डव बड़ी आतुरता से श्री कृष्ण को पाकर बहुत प्रसन्न हो गए।

कुरुक्षेत्र की युद्धभूमि में युद्ध के लिए तैयार दोनों पक्षों की संपूर्ण जानकारी के लिए, राजा धृतराष्ट्र ने दिव्यदृष्टि प्राप्त मंत्री संजय को आज्ञा दी और संजय युद्ध का सारा दृश्य देखकर बताने लगे।

❊

छोटेलाल
संगीतकार

मातृछाया
III-ए/64, रचना सिंगल स्टोरी
सेक्टर-3 वैशाली, न्यू दिल्ली कैपीटल रीजन
दूरभाष: 0120-4128973, 9999501122
9312285603, 9312006064
pandit.chhotelal@rediffmail.com

मेरा बहुत प्यारा शिष्य दिनेश चन्द्र छिम्वाल श्रीमद्भगवद गीता के श्लोकों का गीतों में रूपान्तर सरल गीता के रूप में कर रहा है।

इस बहुजन हिताय और बहुजन सुखाय कार्य के लिए मैं हार्दिक प्रसन्नता के साथ शुभाशीष देते हुए आशा करता हूँ कि जनता जनार्दन (धर्म प्रेमी भक्तजन) इसकी सेवा को सरल गीता के रूप में स्वीकार करेंगे।

दिनेश बहुत अच्छा लिखता है क्योंकि उसने गद्य को पद्य में ढ़ालने की कला हेतु निरन्तर कठिन परिश्रम किया है। जिसके फलस्वरूप वह कठिन से कठिन भावों को सरलता से अपने पदों में ढाल लेता है।

इससे पूर्व भी दिनेश मेरे संगीतबद्ध किए गए कई गीतों को स्वयं अपनी आवाज दे चुका है। क्योंकि वह बहुत अच्छा गाता भी है।

गीतों को गाते चलो, मुश्किल में भी मुस्काते चलो।
इससे ग़म होंगे कम सपने नए सजाते चलो।।

दिल्ली दूरदर्शन से प्रसारित गीत को दर्शकों द्वारा अत्यन्त सराहना प्राप्त हुई है।

मेरा स्नेह और आशीर्वाद हमेशा दिनेश के साथ है। मां परामबा अपनी कृपा से उसका मार्ग प्रशस्त करें, यही प्रार्थना है।

2.10.2009

छोटे लाल
वरिष्ठ संगीत रचयिता (अवकाश प्राप्त)
दिल्ली दूरदर्शन

राष्ट्रीय कवि संगम

राष्ट्र जागरण धर्म हमारा

Regn. No. NCT2283/2012-13

राष्ट्रीय संरक्षक	राष्ट्रीय संरक्षक	राष्ट्रीय संरक्षक	राष्ट्रीय संरक्षक	राष्ट्रीय अध्यक्ष
पूज्य स्वामी चिदानंद जी	श्री इन्द्रेश कुमार	'बाबा' सत्यनारायण मौर्य	डॉ. हरिओम पंवार	श्री जगदीश मित्तल
राष्ट्रसंत, परमार्थ निकेतन ऋषिकेश	वरिष्ठ प्रचारक, रा.स्व. संघ	अंतरराष्ट्रीय गीतकार एवं चित्रकार	वरिष्ठ ओज कवि	समाजसेवी

दिनांक: 13, अप्रैल 2022

अति प्रसन्नता का विषय है, कि श्रेष्ठ गीतकार श्री दिनेश छिम्वाल श्रीमद भगवद्गीता का हिन्दी में गाने योग्य सरल गीता का दूसरा संस्करण प्रकाशित कर रहे हैं। गीता, ज्ञान, भक्ति और कर्म की पावन त्रिवेणी है। इस में स्नान कर कोई व्यक्ति अपने जीवन को सफल कर सकता है।

कर्म कितना भी कठोर हो पर स्वधर्म पालन करने की प्रेरणा गीता ही देती है। मनुष्य का उत्थान या पतन, उसके निज के हाथों में होता है। जन प्रतिनिधि कैसा हो, घर के मुखिया के गुण क्या हों, उज्ज्वल भविष्य के लिए, श्रेष्ठ कर्म करने की आवश्कता, ऐसी अनेक बातें भगवान श्रीकृष्ण ने अर्जुन को निमित्त बनाकर बतायी हैं।

गीता जैसे कठिन विषय को सरल गीतों में प्रस्तुत करने वाले परम स्नेही गायक श्री दिनेश छिम्वाल जी को यशस्वी जीवन के लिए हार्दिक शुभकामनायें।

भगवान श्री कृष्ण उनके प्रयासों को सफल करें।

जगदीश मित्तल

जगदीश मित्तल
राष्ट्रीय अध्यक्ष
राष्ट्रीय कवि संगम

सुरेन्द्र शर्मा
हास्य कवि
(भारत सरकार द्वारा पद्म श्री पुरस्कार से सम्मानित)

बी- 33, फ्लैटेड फैक्टरी कॉम्पलैक्स,
झंडेवालान, नई दिल्ली - 110 055
B-33, Flatted Factory Complex,
Jhandewallan, New Delhi-110 055
Tel. : 91-11-23547474 Telefax : 23533737
E-mail : surendersharmakavi@hotmail.com

प्रिय श्री दिनेश चंद्र जी छिम्वाल ने भगवद्गीता को गेय बनाया, यह एक नवीनतम प्रयास है, यह वही व्यक्ति कर सकता है जिसके मन में गीता के प्रति आस्था रोम-रोम में बसी हो। इस कार्य के पीछे उनकी भावना धन की नहीं है बल्कि मन की है। मन से कोई भी काम किया जाय तो वह पक्का पाठकों के मन तक पहुंचता है। सिर्फ दो पंक्तियों में गीता के श्लोकों को गेय बनाना और वह भी सरल शब्दों में एक सुखद अनुभूति प्रदान करता है।

सरल लिखना बहुत कठिन कार्य है और इस कार्य को वही व्यक्ति कर सकता है जो अंदर से सरल हो।

मैं दिनेश जी को इसके लिए पूरे मन से बधाई देता हूँ और मेरा विश्वास है यह पुस्तक पाठकों के मन मंदिर में अपना स्थान जरूर बनायेगी।

6- 9 2009

सुरेंद्र शर्मा

-: आभार :-

परम आदरणीय पूज्य ईजा (माता जी) **स्व. श्रीमती कलावती जी छिम्वाल,** के स्नेह, आशीर्वाद से ही, ये सरल गीता, आप तक पहुँचाने का परम सौभाग्य मुझे मिला है।

भगवान श्री कृष्ण के परम भक्त मेरे पूज्य पिता जी **स्व. श्री परमानन्द जी छिम्वाल** के असीम स्नेह, प्रेम के कारण ही, भगवत गीता का हिन्दी में अनुवाद करने की मुझे दिव्य प्रेरणा मिली है।

मानवता का मधुर संगीत देने वाले, उदार मन, महान संगीतज्ञ, आदरणीय गुरु जी स्व. श्री छोटे लाल (वरिष्ठ संगीत रचयिता दिल्ली दूरदर्शन) व 'राष्ट्र जागरण धर्म हमारा' का महान सन्देश देने वाले, राष्ट्रीय कवि संगम के अध्यक्ष, आदरणीय श्री जगदीश मित्तल व भारत सरकार द्वारा पद्मश्री से सम्मानित विश्व प्रसिद्ध हास्य कवि श्री सुरेन्द्र शर्मा का हृदय की गहराइयों से बहुत-बहुत आभारी हूं।

मैं परिजनों, मित्रों, का गुणी जनो का अन्त: मन से बहुत-बहुत आभारी हूँ। जिन्होंने पग-पग पर परामर्श देकर मेरा साहस बढ़ाया है।

गीता पढ़ोगे, एकता की बात मिलेगी।
जीवन सफल बनाने की, सौगात मिलेगी।।
गीता हमें सिखाती है, निज कर्म किये जा।
जहाँ धर्म है, अधर्म को ही मात मिलेगी।।

गीता है कर्म का पाठ, कर्म करके ही जाना है।
जीवन धर्म, अधर्म का युद्ध, इसमें लड़ के ही जाना है॥
जो धर्म को धारण करता, वो परहित में सुख पाता।
स्वार्थ में अन्धा अधर्मी, मानवता का दुःख दाता॥
प्रेम ही परमेश्वर है, घृणा को मन से मिटाना है॥
गीता है कर्म का पाठ, कर्म करके ही जाना है।

गीता पढ़कर मेरे मन में जो भाव आये हैं। आपके समक्ष प्रस्तुत हैं, यदि आपको अच्छे लगे तो मुझे आशीर्वाद दीजियेगा।

प्रार्थी - दिनेश चन्द्र छिम्वाल (गणेश)

-:श्रीमद्भगवद्गीता के विषय में, महापुरुषों के अनमोल विचार:-

गीता मेरा हृदय है। गीता मेरा उत्तम सार है। गीता मेरा अति उग्र ज्ञान है। गीता मेरा अविनाशी ज्ञान है। गीता मेरा श्रेष्ठ निवास स्थान है। गीता मेरा परम पद है। गीता मेरा परम रहस्य है। गीता मेरा परम गुरू है।

-भगवान श्रीकृष्ण

जो अपने आप विष्णु भगवान के मुखकमल से निकली हुई है वह गीता अच्छी तरह कण्ठस्थ करनी चाहिए। अन्य शास्त्रों के विस्तार से क्या लाभ?

-महर्षि व्यास

गाने योग्य तो श्रीगीता का और श्री विष्णु सहस्त्रनाम का गान है। धरने योग्य तो श्री विष्णु भगवान का ध्यान है। चित्त तो सज्जनों के संग में पिरोने योग्य है और वित्त तो दीन-दुखियों को देने योग्य है।

-श्रीमद् आद्य शंकराचार्य

गीता में वेदों के तीनों काण्ड स्पष्ट किए गए हैं अत: वह मूर्तिमान वेदरूप है और उदारता में तो वह वेद से भी अधिक है। अगर कोई दूसरों को गीता ग्रंथ देता है तो जानो कि उसने लोगों के लिए मोक्ष सुख को सदाव्रत खोला है। गीता रूपी माता से मनुष्य रूपी बच्चे वियुक्त होकर भटक रहे हैं। अत: उनका मिलन कराना यह तो सर्व सज्जनों का मुख्य धर्म है।

-संत ज्ञानेश्वर

श्रीमद् भगद्गीता उपनिषदरूपी बगीचों में से चुने हुए आध्यात्मिक सत्यरूपी पुष्पों से गुंथा हुआ पुष्पगुच्छ है।

-स्वामी विवेकानन्द

कर्म, ज्ञान और भक्ति का संगम ही जीवन का तीर्थ राज है।

-दीनानाथ दिनेश

अपनी पीड़ा सह लेना और दूसरे जीवों को पीड़ा न पहुँचाना, यही तपस्या का स्चरूप है।

-संत तिरुवल्लुवर

एक बार मैंने अपना अंतिम समय नज़दीक आया हुआ महसूस किया तब गीता मेरे लिए अत्यंत आश्वासनरूप बनी थी। मैं जब-जब बहुत भारी मुसीबतों से घिर जाता हूँ। तब-तब मैं गीता माता के पास दौड़कर पहुंच जाता हूँ और गीता माता में से मुझे समाधान न मिला हो ऐसा कभी नहीं हुआ है।

-महात्मा गांधी जी

ज्ञान-भक्ति युक्त कर्मयोग ही गीता का सार है, वह सर्वोपरि, निर्भय और व्यापक है। वह सत है, अर्थात् वर्ण, जाति, देश या किसी अन्य भेदों के झगड़ो में नहीं पड़ता, किन्तु सभी को एक ही मापदंड से सद्गति देता है।

वह अन्य सभी धर्मो के विषय में यथोचित सहिष्णुता दिखलाता है। वह ज्ञान, भक्ति और कार्य युक्त है। और अधिक कहें तो वह सनातन वैदिक धर्मवृक्ष का अत्यंत मधुर तथा अमृतफल है।।

-लोकमान्य तिलक

जीवन के सर्वांगीण विकास के लिए गीता ग्रंथ अदभुत है। विश्व की 578 भाषाओं में गीता का अनुवाद हो चुका है। हर भाषा में कई चिंतकों, विद्वानों और भक्तों ने मीमांसाएं की हैं और अभी भी हो रही हैं, होती रहेंगी। क्योंकि इस ग्रंथ में सब देशों जातियों, पंथों के तमाम मनुष्यों के कल्याण की अलौकिक सामग्री भरी हुई है। अत: हम सबको गीता ज्ञान में अवगाहन करना चाहिए। **(भोग, मोक्ष, निर्लेपता, निर्भयता आदि तमाम दिव्य गुणों का विकास करने वाला यह गीता ग्रंथ विश्व में अद्धितीय है।)**

-पूज्यपाद स्वामी श्री लीला शाहजी महाराजा

प्राचीन युग की सर्व रमणीय वस्तुओं में गीता से श्रेष्ठ कोई वस्तु नहीं है। गीता में ऐसा उत्तम और सर्वव्यापी ज्ञान है कि उसके रचियता देवता को असंख्य वर्ष हो गए फिर भी ऐसा दूसरा एक भी ग्रंथ नहीं लिखा गया है।

-अमेरिकन महात्मा थॉरो

श्रीमद्भागवदगीता योग का एक ऐसा ग्रन्थ है, जो किसी जाति, वर्ण अथवा धर्म-विशेष के लिए ही नहीं अपितु सारी मानव जाति के लिए उपयोगी है। भगवद्गीता पर बाहर वालों तथा अहिन्दुओं का उतना ही अधिकार है, जितना किसी भारतीय या हिन्दू कहलाने वाले का है।

-डॉ. मुहम्मद हाफिज सैयद

*

आरती श्रीमद् भगवद्गीता

जय भगवद् गीता, जय ज्ञान ग्रंथ गीता।
कर्म ज्ञान भक्ति का, ये संगम सुपुनीता॥

ये श्री कृष्ण हृदय की, है अनुपम वाणी।
अपना कर के जीवन, सफल हो कल्याणी॥
जय भगवद् गीता.....

आसुर भाव विनाशिनि, सद्गुण की दाता।
कर्म, सुकर्म प्रकाशिनि, भव भय की त्राता॥
जय भगवद् गीता.....

कर्म, स्वधर्म का पालन, गीता सिखलाती।
कृष्णार्जुन की वार्ता, सद पथ दिखलाती॥
जय भगवद् गीता.....

आत्मा ईश्वर अंश है, तन तो है नश्वर।
सेवा, सुमिरन, कीर्तन, पावन अटल अमर॥
जय भगवद् गीता.....

जय माँ ज्ञान दायिनि, परमानन्द प्रदा।
हरिपद प्रेम दान कर, दीजै भक्ति सदा॥
जय भगवद् गीता.....

❋

-: श्रीमदभगवद्गीता का माहात्म्य :-

जब श्री पृथ्वी देवी ने पूछा :

1. हे भगवान! हे परमेश्वर! हे प्रभो! प्रारब्धकर्म को भोगते हुए मनुष्य को एकनिष्ठ भक्ति कैसे प्राप्त होती है।

तब श्री विष्णु भगवान बोले :

2. प्रारब्ध को भोगता हुआ जो मनुष्य सदा श्रीगीता के अभ्यास में आसक्त हो वही इस लोक में मुक्त और सुखी होता है तथा कर्म में लेपायमान नहीं होता।

3. जिस प्रकार कमल के पत्ते को जल स्पर्श नहीं करता उसी प्रकार जो मनुष्य श्रीगीता का ध्यान करता है उसे महापापादि पाप कभी स्पर्श नहीं करते।

4. जहाँ श्रीगीता की पुस्तक होती है और जहाँ श्रीगीता का पाठ होता है वहाँ प्रयागादि सर्व तीर्थ निवास करते हैं।

5. जहाँ श्रीगीता प्रवर्तमान है वहाँ सभी देवों, ऋषियों, योगियों, नागों और गोपालबाल श्रीकृष्ण भी नारद, ध्रुव आदि सभी पार्षदों सहित जल्दी ही सहायक होते हैं।

6. जहाँ श्रीगीता का विचार, पठन, पाठन तथा श्रवण होता है वहाँ हे पृथ्वी! मैं अवश्य निवास करता हूं।

7. मैं श्रीगीता के आश्रय में रहता हूँ, श्रीगीता मेरा उत्तम घर है और श्रीगीता के ज्ञान का आश्रय करके मैं तीनों लोकों का पालन करता हूं।

8. श्रीगीता अति अवर्णनीय पदोंवाली, अविनाशी, अर्धमात्रा तथा अक्षरस्वरूप, नित्य, ब्रह्मरूपिणी और परम श्रेष्ठ मेरी विद्या है इसमें संदेह नहीं है।

9. वह श्रीगीता चिदानन्द श्री कृष्ण ने अपने मुख से अर्जुन को कही हुई तथा तीनों वेदस्वरूप, परमानन्दस्वरूप तथा तत्वरूप पदार्थ के ज्ञान से युक्त है।

10. जो मनुष्य स्थिर मनवाला होकर नित्य श्रीगीता के अठारहों अध्यायों का जप-पाठ करता है वह ज्ञानरूपी सिद्धी को प्राप्त होता है और फिर परम पद को पाता है।

11. संपूर्ण पाठ करने में असमर्थ हो तो आधा पाठ करे, तो भी गाय के दान से होने वाले पुण्य को प्राप्त करता है, इसमें संदेह नहीं।

12. तीसरे भाग का पाठ करें तो गंगास्नान का फल प्राप्त करता है और छठवें भाग का पाठ करें तो सोमयोग का फल पाता है।

13. जो मनुष्य भक्तियुक्त होकर नित्य एक अध्याय का भी पाठ करता है, वह रूद्रलोक को प्राप्त होता है और वहां शिवजी का गण बनकर चिरकाल तक निवास करता है।

14. हे पृथ्वी! जो मनुष्य नित्य एक अध्याय, एक श्लोक अथवा श्लोक के एक चरण का पाठ करता है वह मन्वंतर तक मनुष्यता को प्राप्त करता है।

15, 16. जो मनुष्य गीता के दस, सात, पाँच, चार, तीन, दो, एक या आधे श्लोक का पाठ करता है वह अवश्य दस हजार वर्ष तक चंद्रलोक को प्राप्त होता है। गीता के पाठ में लगे हुए मनुष्य की अगर मृत्यु होती है तो वह (पशु आदि की अधम योनियों में न जाकर) पुनः मनुष्य जन्म पाता है।

17. (और वहाँ) श्रीगीता का पुनः अभ्यास करके उत्तम मुक्ति को पाता है। गीता ऐसे उच्चार के साथ जो मरता है वह सद्गति को पाता है।

18. श्रीगीता का अर्थ सुनने में तत्पर बना हुआ मनुष्य महापापी हो तो भी वह बैकुण्ठ को प्राप्त होता है और विष्णु के साथ आनन्द करता है।

19. अनेक कर्म करके नित्य श्रीगीता के अर्थ का जो विचार करता है उसे जीवन मुक्त जानो। मृत्यु के बाद वह परम पद को पाता है।

20. श्रीगीता का आश्रय करके जनक आदि कई राजा पाप रहित होकर में यशस्वी बने हैं और परम पद को प्राप्त हुए हैं।

21. श्रीगीता का पाठ करके जो माहात्म्य का पाठ नहीं करता है उसका पाठ निष्फल होता है और ऐसे पाठ को श्रमरूप कहा है।

22. इस माहात्म्यसहित श्री गीता का जो अभ्यास करता है वह उसका फल पाता है और दुर्लभ गति को प्राप्त होता है।

श्री सूतजी बोले:

23. श्रीगीता का यह सनातन माहात्म्य मैंने कहा। श्रीगीता पाठ के अन्त में जो इसका पाठ करता है वह उपर्युक्त फल प्राप्त करता है।

अनुक्रमणिका

जीवित न रहना चाहते, हम कौरवों को मार कर।
धृतराष्ट्र के बेटे खड़े हैं, युद्ध को ललकार कर॥

मैं शरण आया हूँ आपकी, शिष्य पर कृपा कीजिए।
जो ठीक हो कल्याणकारी वो कर्म शिक्षा दीजिए॥

ॐ

श्रीपरमात्मने नमः

श्रीमद्भगवदगीता

सरल गीता

अध्याय एक

राजा धृतराष्ट्र जी ने संजय से पूछा

धर्मक्षेत्रे कुरुक्षेत्रे समवेता युयुत्सवः।
मामकाः पाण्डवाश्चैव किमकुर्वत सञ्जय।।1।।

कुरु क्षेत्र धर्म के क्षेत्र में, है युद्ध का निर्णय लिया।
मेरे व पाण्डु पुत्रों ने, संजय कहो क्या-क्या किया।।

संजय ने दिव्य दृष्टि से देखकर बताया

दृष्ट्वा तु पाण्डवानींक व्यूंढ दुर्योधनस्तदा।
आचार्यमुपसङ्गम्य राजा वचनमब्रवीत्।।2।।

अब दुर्योधन कहने लगे, गुरु श्रेष्ठ दोर्णाचार्य से।
सब पाण्डवों की सारी सेना, सज रही हथियार से।।

पश्यैतां पाण्डुपुत्राणामाचार्य महती चमूम्।
व्यूंढा द्रुपदपुत्रेण तव शिष्येण धीमता।।3।।

हे गुरुप्रवर अब पाण्डवों की सारी, सेना देखिये।
किस तरह देखो द्रुपद पुत्र हैं, उनको संचालित किये।।

अत्र शूरा महेष्वासा भीमार्जुनसमा युधि।
युयुधानो विराटश्च द्रुपदश्च महारथः।।4।।

भीम बलशाली व अर्जुन श्रेष्ठ सब में हैं धर्नुधर।
सात्यकि, विराट द्रुपद समान हैं, वीर पाण्डव पक्षधर।।

धृष्टकेतश्चकितानः काशिराजश्च वीर्यवान्।
पुरुजित्कुन्तिभोजश्च शैब्यश्च नरपुङ्गव।।5।।

काशी के राजा धृष्टकेतु व राजा चेकितान से।
कुन्तीभोज व राजा पुरुजित, शैव्य वीर हैं शान से।।

युधामन्युश्च विक्रान्त उत्तमौजा वीर्यवान्।
सौभद्रो द्रौपदेयाश्च सर्व एव महारथाः।।6।।

श्री उत्तमौजा, युधामन्यु ये सब पराक्रमी वीर हैं।
सौभद्र सारे द्रोपदेय, महारथी रणधीर हैं।।

अस्माकं तु विशिष्टा ये तान्निबोध द्विजोत्तम।
नायका मम सैन्यस्य सञ्ज्ञार्थं तान् ब्रवीमि ते।।7।।

हे श्रेष्ठ ब्राह्मण वीर अब अपनी भी सेना देखिये।
ये नाम उनके, मरने को तैयार जो मेरे लिये।।

भवान् भीष्मश्च कर्णश्च कृपश्च समितिञ्जयः।
अश्वत्थामा विकर्णश्च सौमदत्तिस्तथैव च ।।8।।

हैं आप पहले, फिर पितामह कर्ण जैसे वीर हैं।
भूरिश्रवा और पुत्र आपके और विकर्ण बलवीर हैं।।

अन्ये च बहवः शूरा मदर्थे त्यक्तजीविताः।
नानाशस्त्रप्रहरणाः सर्वे युद्धविशारदाः।।9।।

मेरे लिये सब मृत्यु के मुख जाने को तैयार हैं।
युद्ध के हथियार ले कई वीर बल भण्डार हैं।।

अपर्याप्तं तदस्माकं बलं भीष्माभिरक्षितम्।
पर्याप्तं त्विदमेतेषआं बलं भीमाभिरक्षितम्।।10।।

भीम की सेना तो अपने आगे कुछ भी है नहीं।
कोई भीष्म रक्षक अपनी सेना जीत सकता है नहीं।।

अयनेषु च सर्वेषु यथाभागमवस्थिताः।
भीष्ममेवाभिरक्षन्तु भवन्तः सर्व एव हि।।11।।
जैसा भी हो सब ओर से, अब एक ये ही प्रयास हो।
बस पितामह की रक्षा में, थोड़ा सा भी नहीं ह्रास हो।।

तस्य सञ्जयनयन् हर्षं कुरुवृद्धः पितामहः।
सिंहनादं विनद्योच्चैः शङ्ख दध्मौ प्रतापवान्।।12।।
तब शंख ध्वनि की पितामह ने इतने भीषण शोर से।
उस गर्जना से भर गये सब वीरों के मन जोश से।।

ततः शङ्खाश्च भेर्यश्च पणवानकगोमुखाः।
सहसैवाभ्यहन्यन्त स शब्दस्तुमुलोऽभ्ज्ञवत्।।13।।
इसके बाद तो शंख, ढोल, मृदंग, रण बाजे बजे।
उस घोर शोर से सब दिशाओं में भयंकर स्वर गूँजे।।

ततः श्वेर्हर्युक्ते महति स्यन्दने स्थितौ।
माधवः पाण्डवश्चैव दिव्यौ शङ्खौ प्रदध्मतुः।।14।।
रथ जिसके घोड़े श्वेत उस पर कृष्ण और अर्जुन चढ़े।
अपने अलौकिक शंखों को लेते हुए आगे बढ़े।।

पाञ्चजन्यं हृषीकेशो देवदत्तं धनञ्जयः।
पौण्ड्रं दध्मौ महाशङ्खं भीमकर्मा वृकोदरः।।15।।
श्री कृष्ण का है पाच्यजन्य व पौन्ड्र शंख हैं भीम का।
अर्जुन का शंख है देवदत्त, गूँजा तभी स्वर तीव्र का।।

अनन्तविजयं राजा कुन्तीपुत्रो युधिष्ठिरः।
नकुलः सहदेवश्च सुघोषमणिपुष्पकौ।।16।।
तब युधिष्टिर ने अनन्त विजय गूँजाया शोर से।
गूँजा मणि पुष्पक, सुघोष, सहदेव नकुल की ओर से।।

काश्यश्च परमेष्वासः शिखण्डी च महारथः।
धृष्टद्युम्नो विराटश्च सात्यकिश्चापराजितः।।17।।

काशी के राजा और विराट हैं सात्यकि योद्धा सभी।
बलवान योद्धा धृष्टदुम्न से और शिखंडी वीर भी।।

द्रुपदो द्रौपदेयाश्च सर्वशः पृथिवीपते।
सौभद्रश्च महाबाहुः शङ्खान्दध्मुः पृथक्पृथक्।।18।।

द्रौपदी के पुत्र, राजा द्रुपद और अभिमन्यु ने।
शंख ध्वनी की तीव्र तब आकाश भी लगा गूंजने।।

स घोषो धार्तराष्ट्राणां हृदयानि व्यदारयत्।
नभश्च पृथिवीं चैव तुमुलो व्यनुनादयन्।।19।।

घोर ध्वनि से कौरवों के मन में व्याकुलता करी।
संसार सारा गूँजा और आकाश में भी ध्वनी भरी।।

अथ व्यवस्थितान्द्रष्ट्वा धार्तराष्ट्रान् कपिध्वजः।
प्रवृत्ते शस्त्रस पाते धनुरुद्यम्य पाण्डवः।।20।।

कौरवों की युद्ध रचना पूरी देखी पार्थ ने।
हनुमान जी का ध्वज लिये शस्त्रों के होने सामने।।

अर्जुन ने श्री कृष्ण से कहा

हृषीकेशं तदा वाक्यमिदमाह महीपते।
सेनयोरुभयोर्मध्य रथं स्थापय मेऽच्युत।।21।।

पार्थ बोले कृष्ण से बस आप इतना कीजिये।
दोनों दलों के बीच में रथ को खड़ा कर दीजिये।।

यावदेतान्निरीक्षेऽहं योद्धुकामानवस्थितान्।
कैर्मया सह योद्धव्यमस्मिन् रणसमुद्यमे।।22।।

मैं उनको ठीक से देख लूं कितने यहाँ वो वीर हैं।
इस युद्ध में हे कृष्ण जिनको मारने मुझे तीर हैं।।

योत्स्यमानानवेक्षेऽहं य एतेऽत्र समागताः।
धार्तराष्ट्रस्य दर्बुद्धेर्युद्धे प्रियचिकीर्षवः।।23।।

इस युद्ध में आये यहाँ वो कौन से बलवान हैं।
जो हीन बुद्धि दुर्योधन का चाहते कल्याण हैं।।

संजय ने कहा

एवमुक्तो हृषीकेशो गुडाकेशेन भारत।
सेनयोरुभयोर्मध्ये स्थापयित्वा रथोत्तमम्।।24।।

नींद जिसने जीती उस अर्जुन की बातें मानके।
दोनों दलों के बीच में रथ को खड़ा किया सामने।।

भीष्मद्रोणप्रमुखतः सर्वेषां च महीक्षिताम्।
उवाच पार्थ पश्यैतान् समवेतान् कुरूनिति।।25।।

रथ को लाये भीष्म द्रोण व राजाओं के सामने।
लो देखों सेना कौरवों की पार्थ से कहा कृष्ण ने।।

तत्रापश्यत्स्थितान पार्थः पितृनथ पितामहान्।
आचार्यान्मातुलान्भ्रातृन्पुत्रान्पौत्रान्सखींस्तथा।।26।।

अर्जुन ने तब देखा वहाँ, परिवार के बूढ़े-बड़े।
आचार्य, मामा, पोते, प्रियजन सब वहीं पर ही खड़े।।

श्वशुरान् सुहृदश्चैन्व सेनयोरुभयोरपि।
तान् समीक्ष्य स कौन्तेयः सर्वान् बन्धूनवस्थितान्।।27।।

स्नेही ससुर को देखकर अर्जुन हुऐ हैरान हैं।
दोनों दलों में स्वजन संग, अतिथि देव समान हैं।।

कृपया परयाविष्टो विषीदन्निदमब्रबीत।
दृष्ट्वेमं स्वजनं कृष्ण युयुत्सुं समुपस्थितम्।।28।।

रोते हुए और दुःखी मन से कृष्ण से ये बोलते।
इस युद्ध में आये सभी वो प्रिय जो मन में डोलते।।

अर्जुन ने श्री कृष्ण से कहा

सीदन्ति मम गात्राणि मुखं च परिशुष्यति।।
वेपथुश्च शरीरे मे रोमहर्षश्च जायते।।29।।

मुर्झाया सारा शरीर अब तो सूख मेरा मुख रहा।
मेरा तन भी थर थर काँपता भीतर से भय भी हो रहा।।

गणडीवं स्त्रंसते हस्तात्त्वक्चैव परिदह्यते।
न च शक्नोम्यवस्थातुं भ्रमतीव च मे मनः।।30।।

गाण्डीव गिर रहा हाथ से, सारा शरीर ही जल रहा।
मैं रह नहीं सकता खड़ा इतना अधिक मन डर रहा।।

निमित्तानि च पश्यामि विरीतानि केशव।
न च श्रेयोऽनुपश्यामि हत्वा स्वजनमाहवे।।31।।

केशव मुझे विपरीत लक्षण दिख रहे हैं अब यहाँ।
अपनों को मारा तो भला, कल्याण बोलो है कहाँ।।

न काङ्क्षत्तं नो राज्यं भोगः सुखानि च।
त इमेऽवस्थिता युद्धे प्राणांस्त्यक्त्वा धनानि च।।32।।

नहीं चाहिए जय राज्य सुख, बेकार का सुख भोग है।
हे कृष्ण ऐसे राज्य का, तुम ही कहो क्या प्रयोग है।।

येषामर्थे काङ्क्षित्तं नो राज्यं भोगाः सुखानि च।
त इमेऽवस्थिता युद्धे प्राणांस्त्यक्त्वा धनानि च।।33।।

जिनकी प्रसन्नता के लिये, ये राज्य हमको चाहिये।
उनका ही जीवन मृत्यु के मुख कैसे लेकर जाइये।।

आचार्याः पितरः पुत्रास्तथैव च पितामहाः।
मातुलाः श्वशुराः पौत्राः श्यालाः सम्बन्धिनस्तथा।।34।।

गुरुवर, पितामह, मामा, बेटे, स्वजन हैं बूढ़े बड़े।
साले, ससुर स्नेही सभी, घर के ही अपने हैं खड़े।।

एतान्न हन्तुमिच्छामि घ्नतोऽपि मधुसूदन।
अपि त्रैलोक्यराज्यस्य हेतो: किं नु महीकृते।।35।।

कम भूमि तो क्या राज्य भी, मिल जाये तीनों लोकों का।
हे कृष्ण वो मुझे मार दें, पर मैं न उनको मारूंगा।।

निहत्य धार्तराष्ट्रान्न: का प्रीति: स्याज्जनार्दन।
पापमेवाश्रयेदस्मान् हत्वैतानततायिन:।।36।।

धृतराष्ट्र पुत्रों को मारकर नहीं मन प्रसन्नता पायेगा।
ये मारने लायक हैं फिर भी पाप हमें लग जायेगा।।

तस्मान्नार्हा वयं हन्तुं धार्तराष्ट्रान् स्वाबान्धवान्।
स्वजनं हि कथं हत्वा सुखिन: स्याम माधव।।37।।

केशव ये अपने भाई हैं, नहीं ठीक है इन्हें मारना।
अनुचित है निज सुख के लिये इन्हें मृत्यु के मुख डालना।।

यद्यप्येते न पश्यन्ति लोभोपहतचेतस:।
कुलक्षयकृतं दोषं मित्रद्रोहे च पातकम्।।38।।

ये मूर्ख हैं लालच से इतनी बात भी नहीं मानते।
कुल नाश से उत्पन्न दोषों पापों को नहीं जानते।।

कथं न ज्ञेयमस्माभि: पापादस्मान्निवर्तितुम्।
कुलक्षयकृतं दोषं प्रपश्यद्भिर्जनार्दन।।39।।

परिवार के मरने के दोषों का हमें जब ज्ञान है।
इस पाप से बचने में ही, अब हमारा कल्याण है।।

कुलक्षये प्रणश्यन्ति कुलधर्मा: सनातना:।
धर्मे नष्टे कुलं कृत्स्नधर्मोऽभिभवत्युत।।40।।

परिवार होते नष्ट जब, तब धर्म भी रहता नहीं।
जब धर्म जाता, पाप और अर्धम फिर बढ़ता वहीं।।

अधर्माभिभवात्कृष्ण प्रदुष्यन्ति कुलस्त्रिय:।
स्त्रीषु दुष्टासु वार्ष्णेय जायते वर्णसङ्कर:।।41।।

जब पाप बढ़ता तब बिगड़ती नारियाँ परिवार की।
तब वर्ण संकर बच्चों की, हो जाती है भरमार भी।।

सङ्करो नरकायैव कुलघ्नानां कुलस्य च।
पतन्ति पितरो ह्येषां लुप्तपिण्डोदकक्रियाः।।42।।

कुल घातकी को और कुल को रहना पड़ता पाप में।
फिर श्राद्ध तर्पण पिण्ड बिन रहते पितर संताप में।।

दोषैरेतैः कुलघ्नानां वर्णसङ्करकारकैः।
उत्साद्यन्ते जातिधर्माः कुलधर्माश्च शाश्वताः।।43।।

हो वर्ण संकर बच्चे उनके दोष क्रिया कलाप से।
मिटता सनातन धर्म, जाति, कुल भी अपने आप से।।

उत्सन्नकुलधर्माणां मनुष्याणां जनार्दन।
नरकेऽनियतं वासो भवतीत्यनुशुश्रुम।।44।।

कुल धर्म जिनका नष्ट हो, हे कृष्ण वो दुख पाते हैं।
हमने सुना है वे हमेशा ही नर्क में जाते हैं।।

अहो बत महत्पापं कर्तुं व्यवसिता वयम्।
यद्राज्यसुखलोभेन हन्तुं स्वजनमुद्यताः।।45।।

हम सुखी होंगे राजा बन निश्चय ये सारा पाप मय।
स्वजनों की हत्या का प्रयास है, सच में ही संताप मय।।

यदि मामप्रतीकारमशस्त्रं शस्त्रपाणयः।
धार्तराष्ट्रा रणे हन्युस्तन्मे क्षेमतरं भवेत्।।46।।

कौरव यदि मुझे मार दें, मैं उनको मार न पाऊँगा।
शस्त्र सारे छोड़कर बस सिर को अपने झुकाऊँगा।।

संजय ने धृतराष्ट्र जी से कहा

एवमुक्त्वार्जुनः सङ्ख्ये रथोपस्थ उपाविशत्।
विसृज्य सशरं चापं शोकसंविग्नमानसः।।47।।

शोक में व्याकुल हो अर्जुन धनुषबाण को छोड़कर।
पत्थर से बैठे रथ में पीछे, युद्ध से मुँह मोड़कर।।

प्रथम अध्याय समाप्त हुआ।

❋

अध्याय दो

(दिव्य दृष्टि प्राप्त संजय ने धृतराष्ट्र जी को बताया)

तं तथा कृपयाविष्टमश्रुपूर्णाकुलेक्षणम्।
विषीदन्तमिदं वाक्यमुवाच मधुसूदनः।।1।।
शोक से व्याकुल हो अर्जुन अब तो बस रोने लगे।
उन आँसुओं से भीगे पार्थ से कृष्ण तब कहने लगे।।

भगवान श्री कृष्ण कहते हैं

कुतस्त्वा कश्मलमिंद विषमे समुपस्थितम्।
अनार्यजुष्टमस्वर्ग्यमकीर्तिकरमर्जुन ।।2।।
अर्जुन तुझे असमय में कैसे, मोह ये हुआ प्राप्त है।
नहीं श्रेष्ठ जन का आचरण, सुख कीर्ति, स्वर्ग न प्राप्त है।।
क्लैब्यं मा स्म गमः पार्थ नैतत्त्वय्युपपद्यते।
क्षुद्रं हृदयदौर्बल्यं त्यक्त्वोत्तिष्ठि परन्तप।।3।।
अर्जुन नंपुसक तुम नहीं, सही मार्ग में आगे बढ़ो।
ये तुच्छ दुर्बलता हृदय की, पार्थ छोड़ के तुम लड़ो।।

: तब अर्जुन श्री कृष्ण से कहते हैं :

कथं भीष्ममहं संख्ये द्रोणं च मधुसूदन।
इषुभिः प्रतियोत्सामि पूजार्हावरिसूदन।।4।।
मैं युद्ध में बाणों से कैसे भीष्म द्रोण को मार दूँ।
हे कृष्ण वे हैं पूज्यवर उन्हें कैसे मृत्यु का द्वार दूँ।।
गुरूनहत्वा हि महानुभावाञ्छ्रेयो भोक्तुं भैक्ष्यमपीह लोके।
हत्वार्थकामांस्तु गुरूनिहैव भुञ्जीय भोगान् रुधिरप्रदिग्धान्।।5।।
पूज्य और गुरुजनों को, कभी मारना नहीं ठीक है।
इससे तो अच्छा पेट भरने को, माँगना ही भीख है।।

न चैतद्विद्मः कतरन्नो गरीयोयद्वा जयेम यदि वा नो जयेयुः।
यानेव हत्वा न जिजीविषामस्तेऽवस्थिताः प्रमुखे धार्तराष्ट्राः।।6।।

हम जीतेंगे या हारेंगे हम को नहीं जब ज्ञात है।
यह भी नहीं हम जानते, अब ठीक कौन सी बात है।।
जीवित न रहना चाहते, हम कौरवों को मार कर।
धृतराष्ट्र के बेटे खड़े हैं, युद्ध को ललकार कर।।

कार्पण्यदोषोपहतस्वभावः पृच्छामि त्वां धर्मसम्मूढचेताः।
यच्छ्रेयः स्यान्निश्चितं ब्रूहि तन्मे शिष्यस्तेऽहं शाधि मां त्वां प्रपन्नम्।।7।

कायरों की भाँति हो गया आज मेरा स्वभाव है।
मोहित हुआ चित्त, धर्म, साधन का भी आज अभाव है।।
आया शरण में आपकी, शिष्य पर कृपा कीजिये।
जो ठीक हो कल्याणकारी, वो कर्म शिक्षा दीजिये।।

न हि प्रपश्यामि ममापनुद्याद्यच्छोकमुच्छोषणमिन्द्रियाणाम्।
अवाप्य भूमावसपन्तमृध्धंराज्यं सुराणामपि चाधिपत्यम्।।8।।

धन-धान्य से समपन्न हो, बिन शत्रुओं का राज्य हो।
सब सिर झुकायें देवता, इतना बड़ा साम्राज्य हो।।
कोई भी वस्तु न दिख रही जिस में सुख भरपूर हो।
इन्द्रियाँ सुखाने वाला मेरा, शोक सारा दूर हो।।

: अब अर्जुन श्री कृष्ण से बोले :

एवमुक्तवा हृषीकेशं गुडाकेशः परन्तप।
न योत्स्य इति गोविन्दमुक्त्वा तूष्णीं बभूव ह।।9।।

लड़ता नहीं मैं कृष्ण से बोले यही अर्जुन तभी।
चुपचाप ऐसे हो गये, लेकर के बस निर्णय यही।।

: तब भगवान श्री कृष्ण बोले :

तम्वाच हृषीकेषः प्रहसन्निव भारत।
सेनयोरुभयोर्मध्ये विषीदन्तमिदं वचः।।10।।

जब शोक में डूबे हुए, अर्जुन थे युद्ध भूमि पर।
हँसते हुए तब कृष्ण बोले वचन ऐसे समय पर।।

अशोच्यानन्वशोचरत्त्वं प्रज्ञावादांश्च भाषसे।
गतासूगतासंश्च नानुशोचन्ति पण्डिताः।।11।।

जिनका उचित नहीं शोक, करते शोक ज्ञानी बनके तुम।
जीवित, मरे का शोक क्यों, ज्ञानी की दृष्टि में एक सम।।

न त्वेवाहं जातु नासं न त्वं नेमेजनाधिपाः।
न चैव न भविष्यामः सर्वे वयमतः परम्।।12।।

पहले भी थे, जो आज हैं, ये राजा मैं और तू सभी।
ये बात सत्य है जन्म लेंगे, ये लोग सब अर्जुन कभी।।

देहिनोऽस्मिन् यथा देहे कौरमारं यौवनं जरा।
तथा देहान्तरप्राप्तिर्धीरस्तत्र न मुह्यति।।13।।

बचपन, जवानी, बुढ़ापा जैसे इस शरीर में आता है।
यूँ जीव बदले शरीर, ज्ञानी मोह को नहीं पाता है।।

मात्रास्पर्शास्तु कौन्तेय शीतोष्णसुखदुः खदाः।
आगमापायिनोऽनित्यास्तांस्तितिक्षस्व भारत।।14।।

करती हैं अनुभव इन्द्रियाँ, सर्दी व गर्मी, सुख व दुखः।
आते-जाते नष्ट हों, सहो पार्थ ये नहीं और कुछ।।

यं हि न व्यथयन्त्येते पुरुषं पुरुषं पुरुषर्षभ।
समदु:खसुखं धीरं सोऽमृमत्वाय कल्पते।।15।।

सुख-दुःख बराबर जिसको लगते, वो है अर्जुन श्रेष्ठ नर।
वो मोक्ष पाने योग्य जो, व्याकुल न हो किसी समय पर।।

नासतो विद्यते भावो नाभावो विद्यते सतः।
उभयोरपि दृष्टोऽन्तस्त्वनयोस्तत्त्वदर्शिभिः।।16।।

सत ही सनातन है, असत रहता नहीं किसी काल में।
ज्ञानी जनों को तत्व दोनों दिखते हैं उसी हाल में।।

अविनाशि तु तद्विद्धि येन सर्वमिदं ततम्।
विनाशमव्ययस्यास्य न कश्चित्कर्तुमहेति।।17।।

नहीं नाश होता जग नियन्ता का तू जग में जान ले
जिसका विनाश न हो सके अविनाशी उसको मान ले।।

अन्तवन्त इमे देहा नित्यस्योक्ताः शरीरिणः।
अनाशिनोऽप्रमेयस्य तस्माद्युध्यस्व भारत।।18।।

इस देह में है अपार, आत्मा और अविनाशी अमर।
होता शरीर है नष्ट अर्जुन इस लिये तू युद्ध कर।।

य एनं वेत्ति हन्तारं यश्चनं मन्यते हतम्।
उभौ तौ न विजानीतो नायं हन्ति न हन्यते।।19।।

इस आत्मा को मरने, मारने वाला जो भी जानते।
ये मारता, मरता नहीं ये बात वो नहीं जानते।।

न जायते म्रियते वा कदाचिन्नायं भूत्वा भविता वा न भूयः।
अजो नित्यः शाश्वतोऽयं पुराणोन हन्यते हन्यमाने शरीरे।।20।।

ये आत्मा नहीं जन्मता और ये कभी नहीं मरता है।
ये नित सनातन पुरातन, मरता शरीर ये रहता है।।

वेदाविनाशिनं नित्यं य एनमजमव्ययम्।
कथं से पुरुषः पार्थ कं घातयति हन्ति कम्।।21।।

आत्मा अजन्मा नित्य, अव्यय जो भी इसे स्वीकारता।
अर्जुन वो वध करवाता किसका या किसी को मारता।।

वासांसि जीर्णानि यथा विहाय नवानि गृह्णाति नरोऽपराणि।
तथा शरीराणि विहाय जीर्णान्यन्यानि संयाति नवानि देही।।22।।

जैसे पुराना वस्त्र छोड़ के नया कोई पहनता है।
जीवात्मा भी पुराना छोड़, नये शरीर में बसता है।।

नैनं छिन्दन्ति शस्त्राणि नैनं दहति पावकः।
न चैनं क्लेदयन्त्यापो न शोषयति मारुतः।।23।।

कटता न आत्मा शस्त्र से, ये आग से नहीं जलता है।
सूखे न आत्मा वायु से जल से नहीं ये गलता है।।

अच्छेद्योऽयमदाह्योऽयमक्लेद्योऽशोष्य एव च।
नित्यः सर्वगतः स्थाणुरचलोयं सनातनः।।24।।

आत्मा अच्छेद्य, अभेद्य है नहीं ये गले सूखे कभी।
ये सर्वव्यापी है सनातन, अचल, स्थिर, नित्य ही।।

अव्यक्तोऽयमचित्योऽयमविकार्योऽयमुच्यते।
तस्मादेवं विदित्वैनं नानुशोचितुमर्हसि।।25।।

अव्यक्त और अचिन्तय आत्मा, विकारों से दूर है।
ये जानकर अर्जुन भला क्यूँ व्यर्थ शोक से चूर है।।

अथ चैनं नित्यजातं नित्य वा मन्यसे मृतम्।
तथापि त्वं महाबाहो नैवं शोचितुमर्हसि।।26।।

यदि ये भी मानते आत्मा नित जन्मता और मरता है।
तो भी महाबाहो क्यूँ व्यर्थ में शोक इसका करता है।।

जातसस्य हि ध्रुवो मृत्युर्ध्रुवं जन्म मृतस्य च।
तस्मादपरिहार्येऽर्थे न त्वं शोचितुमर्हसि।।27।।

जो जन्म लेते वो मरते हैं, फिर लेते हैं कहीं जन्म भी।
इस मान्यता को मान अब नहीं ठीक इसका शोक भी।।

अव्यक्तादीनि भूतानि व्यक्तमध्यानि भारत।
अव्यक्त निधनान्येव तत्र का परिदेवना।।28।।

जन्म से पहले नहीं दिखते न मरने के बाद भी।
दिखता शरीर है बीच में, नहीं बात है सन्ताप की।।

आश्चर्यवत्पश्यति कश्चिदेनमाश्चर्यवद्वदति तथैव चान्यः।
आश्चर्यवच्चैनमन्यः श्रृणोति श्रुत्वाप्येनं वेद न चैव कश्चित्।।29।।
आश्चर्य है ये आत्मा ये देख कोई कहते हैं।
महिमा सुन इसकी कई तो, ध्यान भी नहीं रखते हैं।।

देही नित्यमवध्योऽयं देहे सर्वस्य भारत।
तस्मात्सर्वाणि भूतानि न त्वं शोचितुमर्हसि।।30।।
आत्मा ही सारे शरीरों में मरता नहीं है मारके।
फिर प्राणियों का शोक तू, करना नहीं ये विचार के।।

स्वधर्ममपि चावेक्ष्य न विकम्पितुमर्हसि।
धर्म्याद्धि युद्धाच्छ्रेयोऽन्यत्क्षत्रियस्य न विद्यते।।31।।
तू देख अपना धर्म, भय करना न तेरा धर्म है
इस धर्म युद्ध से बढ़ के क्षत्रिय का न कोइ कर्म है।

यदृच्छया चोपपन्नं स्वर्गद्वारमपावृतम्।
सुखिनः क्षत्रियाः पार्थ लभन्ते युद्धमीदृशम्।।32।।
हे पार्थ अपने आप मिल रहा, स्वर्ग का ये द्वार है।
जो क्षत्रियों को भाग्य से मिलता वो रण संसार है।।

अथ चेत्त्वमिमं धर्म्यं सङ्.ग्रामं न करिष्यासि।
ततः स्वधर्मं कीर्तिं च हित्वा पापमवाप्स्यसि।।33।।
इस धर्म युद्ध को छोड़, तू धर्मी नहीं कहलायेगा।
अपयश मिलेगा तुझको, और तू पापी भी हो जायेगा।।

अकीर्तिं चापि भूतानि कथयिष्यन्ति तेऽव्याम्।
सम्भावितस्य चाकीर्तिर्मरणादतिरिच्यते।।34।।
अपयश मिलेगा जब तुझे, तब होगा फिर अपमान भी।
अपकींति सम्मानित पुरुष की, मरने से बढ़ कर कहीं।।

भयाद्रणादुपरतं मंस्यन्ते त्वां महारथाः।
येषां च त्वं बहुमतो भूत्वा यास्यसि लाघवम्।।35।।
डर के युद्ध से भागा अर्जुन, यह कहेंगे सब कहीं।
सम्मान करते वीर जो, तुम्हें तुच्छ जानेंगे वही।।

अवाच्यवादांश्च बहून् वदिष्यन्ति तवाहिताः।
निन्दन्तस्तव सामर्थ्यं ततो दुःखतरं नु किम्।।36।।
जो मुँह में आया बोलेंगे, सब शत्रु ऐसी बात तब।
सामर्थ निन्दा से बढ़ा दुःख और क्या होगा भी अब।।
हतो वा प्राप्स्यसि स्वर्गं जित्वा वा भोक्ष्यसे महीम्।
तस्मादुत्तिष्ठ कौन्तेय युद्धाय कृतनिश्चयः।।37।।
जीवित रहे तो राज्य है, और स्वर्ग है फिर मरने पर।
संग्राम करने हेतु अर्जुन, युद्ध का निश्चय तू कर।।
सुखदुःखे समे कृत्वा लाभालाभौ जयाजयौ।
ततो युद्धाय युज्यस्व नैवं पापमवाप्स्यसि।।38।।
हार-जीत व लाभ-हानि, सुख दुःख है समान सब।
नहीं पाप होगा जान ये, हो युद्ध को तैयार अब।।
एषा तेऽभिहिता साङ्ख्ये बुद्धिर्योगे त्विमां श्रृणु।
बुद्ध्या युक्तो यया पार्थ कर्मबन्धं प्रहास्यसि।।39।।
ये कर्म योग ही ज्ञान योग है, पार्थ इतना जान ले।
छूटेंगे जिससे कर्म बन्धन इतना तू पहचान ले।।
नेहाभिक्रमनाशोऽस्ति प्रत्यवायो न विद्यते।
स्वल्पमप्यस्य धर्मस्य त्रायते महतो भायत्।।40।।
ये कर्म योग है बीज जैसा नाश ये होता नहीं।
जो कर्म धर्म को साधता, उसे मृत्यु भय होता नहीं।।
व्यवसायात्मिका बुद्धिरेकेह कुरुनन्दन।
बहुशाखा ह्यनन्ताश्च बुद्धयोऽव्यवसायिनाम्।।41।।
इस कर्म योग में पार्थ, निश्चय बुद्धि केवल एक है।
अस्थिर विचार मनुष्यों में कई कामना अविवेक है।।
यामिमां पुष्पितां वाचं प्रवदन्त्सविपश्चितः।
वेदवादरताः पार्थ नान्यदस्तीति वादिनः।।42।।
जो स्वर्ग की इच्छा से करता नाम के लिये काम है।
उसकी न निश्चय बुद्धि है, जिसे भोग में विश्राम है।।

कामात्मानः स्वर्गपरा जन्मकर्मफलप्रदाम्।।
क्रियाविशेषबहुलां भोगैश्वर्यगतिं प्रति।।43।।

जो ज्ञान की बातें करें, पर माया ने मन हर लिया।
ऐश्वर्य सुख की प्राप्ति में जीवन समर्पित कर दिया।।

भोगैश्वर्यप्रसक्तानां तयापहृतचेतसाम्।
व्यवसायात्मिका बुद्धिः समाधौ न विधीयते।।44।।

उस माया से मोहित हुए, जो भोगों में ही लिप्त हैं।
व्यवसायी बुद्धि के पार्थ वो नहीं ध्यान सुख से तृप्त हैं।।

त्रैगुण्यविषया वेदा निस्त्रैगुण्यो भवार्जुन।
निर्द्वन्द्वो नित्यसत्त्वस्थो निर्योगक्षेम आत्मवान्।।45।।

तीनों गुणों से कार्य होते, तुम तो आत्मावान हो।
हर्ष शोक न योग क्षेम की इच्छा बिन विद्वान हो।।

यावानर्थ उदपाने सर्वतः सम्प्लुतोदके।
तावान् सर्वेषु वेदेषु ब्राह्मणस्य विजानतः।।46।।

तालाब हो जब सामने तब कुएँ की नहीं चाह है।
ब्रह्म ज्ञानी को ही उतना वेदों से भी लगाव है।।

कर्मण्येवाधिकारस्ते मा फलेषु कदाचन।
मा कर्मफलहेतुर्भूर्मा ते सङ्.गोऽस्त्वकर्मणि।।47।।

अधिकार तेरा कर्म करने में है बस, फल में नहीं।
तू कर्म करना न छोड़ना, आशा में फल की भी कभी।।

योगस्थः कुरु कर्माणि सङ्गं त्यक्त्वा धनञ्जय।
सिद्ध्यसिद्ध्योः समो भूत्वा समत्वं योग उच्यते।।48।।

कर्त्तव्य करता जा तू अपना, हार जीत को छोड़ कर।
सम बुद्धि रख यही योग है, आसक्ति से मुँह मोड़कर।।

दूरेण ह्यवरं कर्म बुद्धियोगाद्धनञ्जय।
बुद्धौ शरणमन्विच्छ कृपणाः फलहेतवः।।49।।

फल की आशा ही बनाती, आदमी को छोटा ही।
सम बुद्धि बिन जो कर्म होता, वो कर्म होता खोटा भी।।

बुद्धियुक्तो जहातीह उभे सुकृदुष्कृते।
तस्माद्योगाय युज्यस्व योगः कर्मसु कौशलम्।।50।।

सम बुद्धि युक्त पुरुष न पड़ता पुण्य अथवा पाप में।
कुशलता से कर्मबन्धन कटते अपने आप में।।

कर्मजं बुद्धियुक्ता हि फलं त्यक्त्वा मनीषिणः।
जन्मबन्धन्विनिर्मुक्ताः पदं गच्छन्त्यनामयम्।।51।।

सम बुद्धि से कर कर्म ज्ञानी फल की इच्छा छोड़ता।
वो प्राप्त करता परम पद और जन्म बन्धन तोड़ता।।

यदा ते मोहकलिलं बुद्धिर्व्यतितरिष्यति।
तदा गन्तासि निर्वेदं श्रोतव्यस्य श्रुतस्य च।।52।।

मोह के दलदल से तेरी बुद्धि होगी पार जब।
वैराग्य होगा भेगों से, तीन लोकों के तुझको तब।।

श्रुतिविप्रतिपन्न ते यदा स्थास्याति निश्चला।
समाधावचला बुद्धिस्तदा योगमवाप्स्यसि।।53।।

कई तरह की बातों से भटकी, पार्थ तेरी बुद्धि जब।
अचल स्थिर योग से परमात्मा से मिलेगी तब।।

अर्जुन ने कहा

स्थितप्रज्ञस्य का भाषा समाधिस्थस्य केशव।
स्थितधीः किं प्रभाषेत किमासीत व्रजेत किम्।।54।।

हे कृष्ण स्थिर बुद्धि वाले परमात्मा को जो पाते जन।
किस तरह बोलें, चलें बैठें, करें क्या वो आचरण।।

श्री कृष्ण बोले

प्रजहाति यदा कामान् सर्वान् पार्थ मनोगतान्।
आत्मन्येवात्मना तुष्टः स्थितप्रज्ञस्तदोच्यते।।55।।

जिस काल में अर्जुन सभी, नर त्यागता सब कामना।
संतुष्ट आत्मा में रहे, स्थितपज्ञ उसको मानना।।

दुःखेष्वनुद्विग्नमनाः सुखेषु विगतस्पृहः।
वीतरागभयक्रोधः स्थितधीर्मुनिरुच्यते।।56।।

दुःख मिलने पर व्याकुल न मन, और सुख की ना हो कामना।
भय राग क्रोध है नष्ट जिसके स्थिर बुद्धि ही जानना।।

यः सर्वत्रानभिस्त्रेहस्तत्तत्प्राप्य शुभाशुभम्।
नाभिनन्दति न द्वेष्टि तस्य प्रज्ञा प्रतिष्ठिता।।57।।

शुभ या अशुभ जो भी मिले उसमें न हर्ष न द्वेष है।
जो उदासीन है सर्वदा, वो स्थिर बुद्धि विशेष है।।

यदा संहरते चायं कूर्मोऽङ्गानीव सर्वशः।
इन्दिरयाणीद्रियार्थेभ्यस्तस्य प्रज्ञा प्रतिष्ठिता।।58।।

जिस भाँति कछुवा अंग अपने आप लेता समेट है।
उस भाँति स्थिर बुद्धि, इन्द्रियाँ आप लेता समेट है।।

विषया विनिवर्तन्ते निराहारस्य देहिनः।
रसवर्जं रसोऽप्यस्य परं दृष्ट्वा निवर्तते।।59।।

इन्द्रिय सुखों से दूर रह, आसक्ति जब नहीं छूटती।
आसक्ति स्थितपज्ञ की भगवान को पा छूटती।।

यततो ह्यपि कौन्तेय पुरुषस्य विपश्चितः।
इन्दिरयाणी प्रमाथीनि हरन्ति प्रसभं मनः।।60।।

आसक्ति का हो नाश फिर भी इन्द्रियाँ बलवान हैं।
करें चोरी मन की पार्थ जन, कितने भी बुद्धिमान हैं।।

तानि सर्वाणि संयम्य युक्त आसीत मत्परः।
वशे हि यस्येन्दिरयाणि तस्य प्रज्ञा प्रतिष्ठाता।।61।।

इस लिये साधक करे वश इन्द्रियाँ सम चित्त हो।
ध्यान से मेरे आसरे बैठे, न इन्द्रियाँ लिप्त हो।।

ध्यायतो विषयान् पुंसः सङ्गस्तेपूपजायते।
सङ्गात्सञ्जयते कामः कामात्क्रोधोऽभिजायते।।62।।

सुख भोग की इच्छाओं में हो जाती जब आसक्ति है।
फिर पूर्ति में रोड़ा पड़े, तो क्रोध की उतपत्ति है।।

क्रोधाद्भवति सम्मोहः सम्मोहात्स्मृतिविभ्रमः।
स्मृतिभ्रंशादद् बृद्धिनाशो बुद्धिनाशात्प्रणश्यति।।63।।

फिर क्रोध से हो मूर्खता, स्मरण फिर नहीं रहता है।
बिन स्मरण के बुद्धि नाश हो, पुरुष नीच गिरता है।।

रागद्वेषवियुक्तैस्तु विषयानिन्द्रियैश्चरन्।
आत्मवश्यैर्विधेयात्मा प्रसादमधिगच्छति।।64।।

सब राग द्वेषी इन्द्रियाँ और चित्त वृत्ति को वश में कर।
फिर भोग कर भी भोग सब रहता सदैव प्रसन्न नर।।

प्रसादे सर्वदुःखानां हानिरस्योपजायते।
प्रसन्नचेतसो ह्याशु बुद्धिः पर्यवतिष्ठते।।65।।

जब चित्त रहता प्रसन्न तब, दुख भी कम हो जाते हैं।
वो कर्मयोगी बुद्धि से, परमात्मा को पाते हैं।।

नास्ति बुद्धिरयुक्तस्य न चायुक्तस्य भावना।
न चाभावयतः शन्तिरशान्तस्य कुतः सुखम्।।66।।

जीता न जिसने मन को निश्चय बुद्धि भी होती नहीं।
बिन भावना नहीं शान्ति, और अशान्ति में सुख है नहीं।।

इन्द्रियाणां हि चरतां यन्मनोऽनुविधीयते।
तदस्य हरति प्रज्ञां वायुर्नावमिवाम्भसि।।67।।

सब इन्द्रियों के साथ मन जिसका लगा ही रहता है।
जैसे हवा में नाव बहती, बिन बुद्धि पुरुष भी बहता है।।

तस्माद्यस्य महाबाहो निगृहीतानि सर्वशः।
इन्द्रियाणीन्द्रिर्थेभ्यस्तस्य प्रज्ञा प्रतिष्ठिता।।68।।

सब इन्द्रियाँ वश में हैं जिसके, वह ही स्थिर बुद्धि है।
हे पार्थ तब उस पुरुष की, बुद्धि में भी शुद्धि है।।

या निशा सर्वभूतानां तस्यां जागर्ति संयमी।
यस्यां जाग्रति भूतानि सा निशा पश्यतो मुनेः।।69।।

जागते योगी हैं तब, संसारी जब सो जाते हैं।
उस नित्य ज्ञान स्वरूप परमानन्द को वो पाते हैं।।

आपूर्यमाणमचलप्रतिष्ठंसमुद्रमाप: प्रविशन्ति यद्वत्।
तद्वत्कामा यं प्रविशन्ति सर्वे स शन्तिमाप्रोति न कामकामी।।70।।

जैसे शान्त समुद्र में नदियों का जल समा जाता है।
वैसे योगी भोगों से रह दूर शान्ति को पाता है॥

विहाय कामान्य: सर्वान्पुमांश्चरति नि:स्पृह:।
निर्ममो निरहङ्कार स शन्तिमधिगच्छति।।71।।

अहंकार व कामना, ममता से जो जन मुक्त है।
वह घूमता समचित्त हो, सदा शान्ति से भी युक्त है॥

एषा ब्राह्मी स्थिति: पार्थ नैनां प्राप्य विमुह्यति।
स्थित्वास्यामन्तकालेऽपि ब्रह्मनिर्वाणमृच्छति।।72।।

इस तरह ब्रह्म को पाया योगी मोह में नहीं आता है।
अन्तिम समय में ब्राह्मी स्थिति ब्रह्मानन्द को पाता है॥

द्वितीय अध्याय समाप्त हुआ।

अध्याय तीन

अुर्जन श्री कृष्ण से बोले

ज्यायसी चेत्कर्मणस्ते मता बुद्धिर्जनार्दन।
तत्किं कर्मणि घोरे मां नियोजयसि केशव।।1।।

तुम ज्ञान कहते श्रेष्ठ केशव, कर्म फिर मैं क्यूँ करूं।
ऐसे भंयकर कर्म को, करने में मैं फिर क्यूँ पड़ुं।।

व्यामिश्रेणेव वाक्येन बुद्धिं मोहयसीव मे।
तदेकं वद निश्चित्य येन श्रेयोऽहमोप्नुयाम्।।2।।

मेरी बुद्धि मोहित कर रही, बातें मिली, जुली आपकी।
वो बात एक निश्चित कहो, जो हो मेरे कल्याण की।।

श्री कृष्ण ने अर्जुन से कहा

लोकेऽस्मिन्द्विविधा निष्ठा पुरा प्रोक्ता मयानघ।
ज्ञानयोगेन साङ्खख्यानां कर्मयोगेन योगिनाम्।।3।।

इस लोक में पहले से ही दो मार्ग मैंने बताये हैं।
ज्ञान योग या भक्ति योग के पथ जिसे जो भाये हैं।।

न कर्मणामनारम्भान्नैष्कर्म्य पुरुषोऽश्नुते।
न च सन्न्यसनादेव सिद्धिं समधिगच्छति।।4।।

कर्म छोड़ के कर्म फल से छूट कोई न पाता है।
या बनके सन्यासी कोई भी सिद्धि को ही पाता है।

न हि कश्चित्क्षणमपि जातु तिष्ठत्यकर्मकृत्।
कार्यते ह्यवशः कर्म सर्वः प्रकृतिजैर्गुणैः।।5।।

बिन कर्म जन, रहता नहीं, एक क्षण को भी किसी काल में।
गुण ही प्रकृति के कराती है, कर्म सब हर हाल में।।

कर्मेन्द्रियाणि संयम्य य आस्ते मनसा स्मरन्।
इन्द्रियार्थान्विमूढात्मा मिथ्याचारः स उच्यते।।6।।

मूर्ख मानव हठ से इन्द्रियाँ रोक मन से सोचता।
है घमण्डी जो इस प्रकार से, इन्द्रियों को रोकता।।

यस्त्विन्द्रियाणि मनसा नियम्यारभतेऽर्जुन।
कर्मेन्द्रियैः कर्मयोगमसक्तः स विशिष्यते।।7।।

करे मन से इन्द्रियाँ वश में जो, अर्जुन वही है श्रेष्ठ नर।
आसक्त होता न कर्म योगी इन्द्रियों से कर्म कर।।

नियतं कुरु कर्म त्वं कर्म ज्यायो ह्यकर्मणः।
शरीरयात्रापि च ते न प्रसिद्ध्येदकर्मणः।।8।।

शास्त्रों में जो, वो कर्म कर बिन कर्म श्रेष्ठ ही कर्म है।
निर्वाह होता शरीर का, यही कर्म का भी मर्म है।।

यज्ञार्थात्कर्मणोऽन्यत्र लोकोऽयं कर्मबन्धनः।
तदर्थं कर्म कौन्तेय मुक्तसङ्गः समाचार।।9।।

बँधता नहीं है मनुष्य कर शुभ कर्म सेवा भाव से।
आसक्ति रहित तू कर्म कर, अर्जुन बड़े ही चाव से।।

सहयज्ञाः प्रजाः सृष्ट्वा पुरोवाच प्रजापतिः।
अनेन प्रसविष्यध्वमेष वोऽस्त्विष्टकामधुक।।10।।

शुभ कर्मों को रच ब्रह्मा जी, बोले यहीं जीवन का अंग।
शुभ कर्मों से हो उन्नति, मन भाये सुख संग में उमंग।।

देवान्भावयतानेन ते देवा भावयन्तु।
परम्परं भावयन्तः श्रेयः परमवाप्स्यथ।।11।।

यज्ञ से हों प्रसन्न देवता, वो तुम्हे उन्नत करें।
निःस्वार्थ सेवा भाव से इक दूजे का मंगल करें।।

इष्टान्भोगान्हि वो देवा दास्यन्ते यज्ञभाविताः।
तैर्दत्तानप्रदायैभ्यो यो भुङ्क्ते स्तेन एव सः।।12।।

शुभ यज्ञ कर्मों से देवता, बिन माँगे देंगे फल अटल।
उनका दिया, उनको न अर्पण करना है चोरी का फल।।

यज्ञशिष्टाशिनः सन्तो मुच्यन्ते सर्वकिल्बषैः।
भुञ्जते ते त्वघं पापा ये पचन्त्यात्मकारणात्।।13।।

यज्ञ से बचा अन्न खाकर पाप मुक्त हों श्रेष्ठ जन।
मात्र अपने ही लिये खाना पकाते हैं पापी जन।।

अन्नाद्भवन्ति भूतानि पर्जन्यादन्नसंभवः।
यज्ञाद्भवति पर्जन्यो यज्ञः कर्मसमुद्भवः।।14।।

सब प्राणी अन्न से जन्म लें, अन्न होता वर्षा से।
होती है वर्षा यज्ञ से, तेरे कर्म हों सुख वर्षा से।।

कर्म ब्रह्मोद्भवं विद्धि ब्रह्माक्षरसमुद्भवम्।
तस्मात्सर्वगतं ब्रह्म नित्यं यज्ञे प्रतिष्ठितम्।।15।।

सब कर्म वेदों से जन्मे, जन्मे वेद ईश से जान तू।
है यज्ञ में परमात्मा, अविनाशी उनको मान तू।।

एवं प्रवर्तितं चक्रं नानुवर्तयतीह यः।
अघायुरिन्द्रियारामो मोघं पार्थ स जीवति।।16।।

सृष्टि के अनुसार, निज कर्त्तव्य जो करता नहीं।
जीवन है पापी, व्यर्थ, मन भी भोगों से भरता नहीं।।

यस्त्वात्मरतिरेव स्यादात्मतृप्तश्च मानवः।
आत्मन्येव च सन्तुष्टस्तस्य कार्यं न विद्यते।।17।।

किन्तु जो मन आत्मा में, संतुष्ट तृप्त ही रहता है।
उसके लिए कर्त्तव्य पालन, फिर नहीं कुछ रहता है।।

नैव तस्य कृतेनार्थो नाकृतेनेह कश्चन।
न चास्य सर्वभूतेषु कश्चिदर्थव्यपाश्रय:।।18।।

उस श्रेष्ठ जन को कर्म करने में न कोई चाव है।
स्वार्थ का सम्बन्ध और न रिश्तों में भी लगाव है।।

तस्मादसक्त: सततं कार्यं कर्म समाचर।
असक्तो ह्याचरन्कर्म परमाप्नोति पूरुष:।।19।।

इसलिए कर्त्तव्य कर्म को, भली भाँति ही सदा कर।
आसक्ति रहित हो कर्म कर, परमात्मा को प्राप्त कर।।

कर्मणैव हि संसिद्धिमास्थिता जनकादय:।
लोकसङ्ग्रहमेवापि सम्पश्यन्कर्तुमर्हसि।।20।।

जनक जैसे कार्यों से ही, सिद्धि पा परहित तू कर।
आसक्ति बिन अर्जुन सदा, लोगों की शिक्षा के कर्म कर।।

यद्यदाचरति श्रेष्ठस्तत्तदेवेतरो जन:।
स यत्प्रमाणं कुरुते लोकस्तदनुवर्तते।।21।।

श्रेष्ठजन जैसा करें, वो कार्य सब भी करते हैं।
उनके बताये रास्ते पर, सब मनुष्य भी चलते हैं।।

न मे पार्थास्ति कर्तव्यं त्रिषु लोकेषु किञ्चन।
नानवाप्तमवाप्तव्यं वर्त एव च कर्मणि।।22।।

तीनों लोकों में मुझको अर्जुन, पाना ना कुछ करना है।
फिर भी करता कर्म सब, बिन कर्म मुझको ना रहना है।।

यदि ह्यहं न वर्तेयं जातु कर्मण्यतन्द्रित:।
मम वर्त्मानुवर्तन्ते मनुष्या: पार्थ सर्वश:।।23।।

नहीं ठीक मेरा कर्म होगा, तो लोग भी वही करेंगे।
होगी भयंकर हानि तब, मेरे पथ पर जन जब चलेंगे।।

उत्सीदेयुरिमे लोका न कुर्या कर्म चेदहम्।
सङ्करस्य च कर्ता स्यामुपहन्यामिमाः प्रजाः।।24।।

हे पार्थ कर्म न मैं करूं, तो ये मनुष्य भी भ्रष्ट हो।
नेता कहाना व्यर्थ है, जनता ही सब जब नष्ट हो।।

सक्ताः कर्मण्यविद्वांसो यथा कुर्वन्ति भारत।
कुर्याद्विद्वांस्तथासक्तश्चिकीर्षुर्लोकसङ्ग्रहम्।।25।।

अज्ञानी जन करते हैं कर्म को, कर्म में आसक्त हो।
आसक्ति बिन विद्वान करते, जगत हित प्रभु भक्त हो।।

न बुद्धिभेदं जनयेदज्ञानां कर्मसङ्गिनाम्।
जोषयेत्सर्वकर्माणि विद्वान्युक्तः समाचरन।।26।।

ज्ञानी पुरुष को चाहिये, परमात्मा रूप में जो अटल।
अज्ञानियों से कराये वो, शास्त्रों में हैं जो कर्मफल।।

प्रकृतेः क्रियमाणनि गुणैः कर्माणि सर्वशः।
अहङ्कारविमूढात्मा कर्ताहमिति मन्यते।।27।।

सब कर्म होते प्रकृति से, पर मोह से अज्ञानी जन।
कर्ता स्वयं को मानता, जब गुण करें उनका श्रृजन।।

तत्त्ववित्तु महाबाहो गुणकर्मविभागयोः।
गुणा गुणेषु वर्तन्त इति मत्वा न सज्जते।।28।।

हे महाबाहो तत्व जो, गुण कर्म के है जानता।
गुणों से ही होते कर्म सब, ये ज्ञान योगी मानता।।

प्रकृतेर्गुणसम्मूढाः सज्जन्ते गुणकर्मसु।
तानकृत्सनविदो मन्दान्कृत्स्नविन्न विचालयेत्।।29।।

मन्द बुद्धि प्रकृति के, गुण कर्मों में ही लगाते मन।
उन अल्प बुद्धिवालों को विचलित करे नहीं ज्ञानीजन।।

मयि सर्वाणि कर्माणि सन्न्यस्याध्यात्मचेतसा।
निराशीर्निर्ममो भूत्वा युध्यस्व विगतज्वर:।।30।।

भगवान अंतर्यामी हैं, लगा चित्त अर्पण कर्म कर।
संताप, आशा, ममता को तू, छोड़ करके युद्ध कर।।

ये में मतमिदं नित्यमनुतिष्ठिन्ति मानवा:।
श्रद्धावन्तोऽनसूयन्तो मुच्यन्ते तेऽपि कर्मभि:।।31।।

जन कोई हों जो, दोष दृष्टि रहित, व श्रद्धा युक्त हैं।
कर्मों से सारे छूट जाते, चल के मेरे मत से हैं।।

ये त्वेतदभ्यसुयन्तो नानुतिष्ठन्ति में मतम्।
सर्वज्ञानविमूढ़ांस्तान्विद्धि नष्टानचेतस:।।32।।

पर मनुष्य जो दोष मुझमें देख, बात न मानेंगे।
उन ज्ञान मोहित मूर्खों को, वे नष्ट हो गये जानेंगे।।

सदृशं चेष्टते स्वस्या: प्रकृतेर्ज्ञानवानपि।
प्रकृति यान्ति भूतानि निग्रह: किं करिष्यति।।33।।

आधीन हो के स्वाभाव से, करते प्रकृति से कर्म सब।
ज्ञानी भी करता कर्म, ऐसे में क्या करेगा किसी का हठ।।

इन्द्रियस्येन्द्रियस्यार्थ रागद्वेषौ व्यवस्थितौ।
तयोर्न वशमागच्छत्तौ ह्यस्य परिपन्थिनौ।।34।।

सब इन्द्रियों में छुपे है, सबके इच्छा और ये जलन भी।
ये शत्रु हैं कल्याण के, होना न इनके तू वश कभी।।

श्रेयान्स्वधर्मो विगुण: परधर्मात्स्वनुष्ठितात्।
स्वधर्मे निधनं श्रेय: परधर्मो भयावह:।।35।।

गुण रहित तेरा धर्म श्रेष्ठ है, दूसरों के धर्म से।
मरने में भी कल्याण है, भयकारी औरों के धर्म से।।

अर्जुन ने श्री कृष्ण से पूछा

अथ केन प्रयुक्तोऽयं पापं चरति पूरुषः।
अनिच्छन्नपि वार्ष्णेय बलादिव नियोजितः।।36।।

हे कृष्ण जब नहीं चाहता, जन करना कोई पाप है।
फिर कौन शक्ति से खींच कर उससे कराता पाप है।।

भगवान श्री कृष्ण ने कहा

काम एष क्रोध एष रजोगुणसमुद्भवः।
महाशनो महापाप्मा विद्ध्येनमिह वैरिणम्।।37।।

रजोगुण से लेता जन्म ये, पापी क्रोध और काम है।
इस शत्रु का नहीं पेट भरता, करता काम तमाम है।।

धूमेनाव्रियते वह्निर्यथादर्शो मलेन च।
यथोल्बेनावृतो गर्भस्तथा तेनेदमावृतम्।।38।।

जैसे धुएँ से आग, शीशा भी, धूल से रहता ढका।
गर्भ झिल्ली से, वैसे ज्ञान ये, काम से रहता ढका।।

आवृतं ज्ञानमेतेन ज्ञानिनो नित्यवैरिणा।
कामरूपेण कौन्तेय दुष्पूरेणानलेन च।।39।।

अर्जुन ना पूरा होता काम ये, आग के ही समान है।
ये ज्ञानियों का वैरी है, ढकता मनुष्यों का ज्ञान है।।

इन्द्रियाणि मनो बुद्धिरस्याधिष्ठानमुच्यते।
एतैर्विमोहयत्येष ज्ञानमावृत्य देहिनम्।।40।।

इन्द्रियाँ मन बुद्धि में, ये ही समाया रहता है।
ये ज्ञान ढक मोहित सदा, जीवात्मा को करता है।।

तस्मात्त्वमिन्द्रियाण्यादौ नियम्य भरतर्षभ।
पाप्मानं प्रजहि ह्येनं ज्ञानविज्ञाननाशनम्।।41।।

वश में इन्द्रियाँ करके अर्जुन, पापी काम को मार दे।
ये ज्ञान और विज्ञान का करे नाश, इस को न जाने दे।।

इन्द्रियाणि पराण्याहुरिन्द्रियेभ्यः परं मनः।
मनसस्तु परा बुद्धिर्यो बुद्धेः परतस्तु सः।।42।।

है श्रेष्ठ तन से इन्द्रियाँ, मन इन्द्रियों से दूर है।
है दूर मन से बुद्धि, आत्मा बुद्धि से भी दूर है।।

एवं बुद्धेः परं बुद्ध्वा संस्तभ्यात्मानमात्मना।
जहि शुत्रं महाबाहो कामरूपं दुरासदम्।।43।।

है सूक्ष्म, बुद्धि से और ये, बलवान आत्मा जान ले।
बुद्धि से मन वश में कर, और काम शत्रु को मार दे।।

तृतीय अध्याय समाप्त हुआ।

✻

अध्याय चार

भगवान श्री कृष्ण कहते है

इमं विवस्वते योगं प्रोक्तवानहमव्ययम्।
विवस्वान्मनवे प्राह मनुरिक्ष्वाकवेऽब्रवीत।।1।।

अविनाशी योग का ज्ञान मैंने, सूर्य को पहले दिया।
मनु ने सूर्य से, पुत्र इक्ष्वाकु ने फिर मनु से लिया।।

एवं परम्पराप्रप्तमिमं राजर्षयो विदुः।
सं कालेनेह महता योगो नष्टः परन्तप।।2।।

फिर राज श्रृषि परिचित हुए, अर्जुन कभी इस योग से।
वह योग धरती में छुप गया, फिर समय के संयोग से।।

स एवायं मया तेऽद्य योगः प्रोक्तः पुरातनः।
भक्तोऽसि मे सखा चेति रहस्यं ह्येतदुत्तमम्।।3।।

तू भक्त है, प्रिय मित्र है सुन ये पुराना योग है।
उत्तम बड़ा ये रहस्य अर्जुन, गूढ़ रखने योग्य है।।

श्री कृष्ण से अर्जुन पूछते हैं

अपरं भवतो जन्म परं जन्म विवस्वतः।
कथमेतद्विजानीयां त्वामादौ प्रोक्तवानिति।।4।।

आप जन्मे हैं अभी, सूरज जन्म अज्ञात है।
कैसे दिया फिर आपने, जो योग सूर्य को ज्ञात है।।

श्री भगवान कहते हैं

बहूनि मे व्यतीतानि जन्मानि तव चार्जुन।
तान्यहं वेद सर्वाणि न त्वं वेत्थ परन्तप।।5।।

मैं और तू अर्जुन जन्म, कई ले चुके हैं और भी।
मुझको वो सारे याद हैं, तुझे याद है नहीं एक भी।।

अजोऽपि सन्नव्ययात्मा भूतानामीश्वरोऽपि सन्।
प्रकृतिं स्वामधिष्ठाय सम्भवाम्यात्ममायया।।6।।

अविनाशी हूँ, मैं न जन्म लेता, प्राणियों का ईश हूँ।
करके प्रकृति को वश में होता, प्रकट माया धीश हूँ।।

यदा यदा हि धर्मस्य ग्लानिर्भवति भारत।
अभ्युत्थानमधर्मस्य तदात्मानं सृजाम्यहम्।।7।।

हे पार्थ जब-जब धर्म की हो, हानि बढ़ता पाप है।
तब-तब मेरा साकार रूप ही, प्रकट होता आप है।।

परित्राणाय साधूनां विनाशाय च दुष्कृताम्।
धर्मसंस्थापनार्थाय सम्भवामि युगे युगे।।8।।

सज्जन जनों को तारने, और पापियों को मारने।
हर युग में मैं ही प्रकट होता हूँ, धर्म को ही उबारने।।

जन्म कर्म च मे दिव्यमेवं या वत्ति तत्त्वतः।
त्यक्त्वा देहं पुनर्जन्म नैति मामेति सोऽर्जुन।।9।।

मेरे जो निर्मल दिव्य पावन, जन्म कर्म को जानते।
मर के न लेते जन्म वो, मुझे अपना जो पहचानते।।

वीतरागभयक्रोधा मन्मया मामुपाश्रिताः।
बहवो ज्ञानतपसा पूता मद्भावमागताः।।10।।

कई भक्त मेरे नष्ट जिनके, क्रोध भय और राग हैं।
वो ज्ञान तप से पवित्र हो, मेरे स्वरूप में भाग हैं।।

ये यथा मां प्रपद्यन्ते तांस्तथैव भजाम्यहम्।
मम वर्त्मानुवर्तन्ते मनुष्याः पार्थ सर्वशः।।11।।

जो जिस तरह मेरे भक्त भजते, मैं भी उनको भजता हूँ।
सब जन मेरे ही मार्ग पर चलते हैं, ये मैं कहता हूं।।

काङ्क्षन्तः कर्मण सिद्धिं यजन्त इह देवताः।
क्षिप्रं हि मानुषे लोके सिद्धिर्भवति कर्मजा।।12।।

इस जग में फल की प्राप्ति को, सब देव पूजन करते हैं।
कर्मों से जन्मे शीघ्र ही फल, सिद्धि के भी फलते हैं।।

चातुर्वर्ण्यं मया सृष्टं गुणकर्मविभागशः।
मां विद्ध्यकर्तारमव्ययम्।।13।।

गुण कर्मों से ही जन्मे ब्राह्मण, क्षत्रिय वैश्य व शूद्र भी।
अविनाशी मैं ही जन्मे देता, पर मैं कुछ करता नहीं।।

न मां कर्माणि लिम्पन्ति न मे कर्मफले स्पृहा।
इति मां योऽभिजानानि कर्मभिर्न स बध्यते।।14।।

मैं लिप्त होता न कर्म में, ना फल में भी रहता कभी।
ये तत्व जो भी जानता, वो कर्मों में बँधता नहीं।।

एवं ज्ञात्वा कृतं कर्म पूर्वैरपि मुमुक्षुभिः।
कुरु कर्मैव तस्मात्त्वं पूर्वैः पूर्वतरं कृतम्।।15।।

सब ज्ञानियों ने युगों से ही, कर्म ऐसे ही किये।
उन पूर्वजों जैसे ही कर्म भी, तुझको करने चाहिए।।

किं कर्म किमकर्मेति कवयोऽप्यत्र मोहिताः।
तत्ते कर्म प्रवक्ष्यामि यज्ज्ञात्वा मोक्ष्यसेऽशुभात्।।16।।

नहीं बुद्धिमान भी जानते, क्या करना ठीक है क्या नहीं।
ये कर्म तत्व को समझ ले तू, हो मुक्त करके कर्म भी।।

कर्मणो ह्यपि बोद्धव्यं बोद्धव्यं च विकर्मणः।
अकर्मणश्च बोद्धव्यं गहना कर्मणो गातिः।।17।।

तू जान कर्म, अकर्म और विकर्म का क्या रूप है।
कर्म की गति कठिन है तू जान ले का स्वरूप है।।

कर्मण्यकर्म यः पश्येदकर्मणि च कर्म यः।
स बुद्धिमान्मनुष्येष स युक्तः कृत्स्नकर्मकृत्।।18।।

जन कर्म में जो अकर्म देखे, और अकर्म में कर्म है।
वह बुद्धिमान मनुष्य, योगी करता सारे कर्म है।।

यस्य सर्वे समारम्भाः कामसङ्कल्पवर्जिताः।
ज्ञानाग्निदग्धकर्माणं तमाहुः पण्डितं बुधाः।।19।।

कर्म जिसके शास्त्र मान्य, संकल्प और बिन कामना।
ज्ञान अग्नि में भस्म करते, कर्म श्रेष्ठ महामना।।

त्यक्त्वा कर्मफलासङ्गं नित्यतृप्तो निराश्रयः।
कर्मण्यभिप्रवृत्तोऽपि नैव किञ्चित्करोति सः ।।20।।
कर्मफल, आसक्ति तज ईश्वर में तृप्त जो रहते हैं।
भली भाँति सारे कर्म कर, वास्तव में कुछ नहीं करते है।।
निराशीर्यतचित्तात्मा त्यक्तसर्वपरिग्रहः।
शारीरं केवलं कर्म कुर्वन्नाप्नोति किल्बिषम्।।21।।
त्याग करके भोग, अतः करण इंद्रियाँ जीत कर।
आशा रहित, तन हेतु करते कर्म पाप विहीन नर।।
यदृच्छालाभसन्तुष्टो द्वन्द्वातीतो विमत्सरः।
समः सिद्धावसिद्धौ च कृत्वापि न निबध्यते।।22।।
जो मिल गया संतुष्ट रह, ईर्ष्या कभी नहीं करता है।
लाभ, हानि, हर्ष, शोक में कर्म योगी न बँधता है।।
गतसङ्गस्य मुक्तस्य ज्ञानावस्थितचेतसः।
यज्ञायाचरतः कर्म समग्रं प्रविलीयते।।23।।
आसक्ति ममता न देह की, स्थिर प्रभु के ज्ञान में।
निष्काम सेवा से कर्म मिट, मिलते ईश महान में।।
ब्रह्मार्पण ब्रह्म हविर्ब्रह्माग्नौ ब्रह्मणा हुतम्।
ब्रह्मैव तेन गन्तव्यं ब्रह्मकर्मसमाधिना।।24।।
यज्ञ में करते हवन, वो द्रव्य आहुति ब्रह्म है।
सब कर्म अपर्ण ब्रह्म में है, और फल भी ब्रह्म है।।
दैवमेवापरे यज्ञं योगिनः पर्युपासते।
ब्रह्माग्नावपरे यज्ञं यज्ञेनैवोपजुह्वति।।25।।
योगी जन कुछ देव पूजन, करें यज्ञ ठीक विधान से।
परमात्मा रूप जगत है, करते यज्ञ कुछ इस ज्ञान से।।
श्रोत्रादीनीन्द्रियाण्यन्ये संयमाग्निषु जुह्वति।
शब्दादीन्विषयानन्य इन्द्रियाग्निषु जुह्वति।।26।।
कुछ योगी इन्द्रियाँ वश में कर हवन करते हैं कभी।
कुछ अन्य योगी विषयों को कर हवन करते है यज्ञ भी।।

सर्वाणीन्द्रियकर्माणि प्राणकर्माणि चापरे।

आत्मसंयमयोगाग्नौ जुह्वति ज्ञानदीपिते।।27।।

कुछ इन्द्रियाँ और प्राण की, सारी क्रियाएँ हवन से।

मन आत्म संयम अग्नि में करें, ज्ञान ज्योति भी हवन से।।

द्रव्ययज्ञास्तपोयज्ञा योगयज्ञास्तथापरे।

स्वाध्यायज्ञानयज्ञाश्च यतय: संशितव्रता:।।28।।

धन दान कर या तपस्या कर या अहिंसा यज्ञ कर।

स्वाध्याय से भी ज्ञान यज्ञ का करते है कुछ श्रेष्ठ नर।।

अपाने जुह्वति प्राणं प्राणेऽपानं तथापरे।

प्राणापानगती रुद्ध्वा प्राणायामपरायणा:।।29।।

कुछ प्राण और अपान की गति रोक कर करते हवन।

कुछ प्राणायम से प्राणों में ही करते रहते हैं हवन।।

अपरे नियताहारा: प्राणान्प्राणेषु जुह्वति।

सर्वेऽप्येते यज्ञविदो यज्ञक्षपितकल्मषा:।।30।।

कुछ प्राण वायु को रोक करते हवन, भोजन करते कम।

साधक ये जानते यज्ञों से ही पाप नाश हो शीघ्रतम।।

यज्ञशिष्टामृतभुजो यान्ति ब्रह्म सनातनम्।

नायं लोकोऽस्त्ययज्ञस्य कुतोऽन्य: कुरुसत्तम।।31।।

जो यज्ञ से बचा अन्न खाते ब्रह्म को भी पाते हैं।

यज्ञ त्यागी सुख नहीं किसी लोक में भी पाते हैं।।

एवं बहुविधा यज्ञा वितता ब्रह्मणो मुखे।

कर्मजान्विद्धि तान्सर्वानेवं ज्ञात्वा विमोक्ष्यसे।।32।।

कई रूप वेद में यज्ञ के हैं, उनको सब तू जान ले।

तन मन व इन्द्रिय क्रिया से कर कर्म, बंधन काट ले।।

श्रेयान्द्रव्यमयाद्यज्ञाज्ज्ञानयज्ञ: परंतप ।

सर्वं कर्माखिलं पार्थ ज्ञाने परिसमाप्यते ।।33।।

धन यज्ञ से अर्जुन हमेशा ज्ञान यज्ञ है श्रेष्ठतम।

सब कर्मों का ही ज्ञान में होता समापन शीघ्रतम।।

तद्विद्धि प्रणिपातेन परिप्रश्नेन सेवया।

उपदेक्ष्यन्ति ते ज्ञानं ज्ञानिनस्तत्त्वदर्शिन:।।34।।

ज्ञानी महात्मा के पास सेवा करके, कपट को त्याग दे।

परमात्म तत्त्व का ज्ञान देंगे वो, सिर झुका कर मान ले।।

यज्ज्ञात्वा न पुर्मोहमेवं यास्यसि पाण्डव।

येन भूतान्यशेषेण द्रक्ष्यस्यात्मन्यथो मयि।।35।।

जानकर जिसे मोह से मोहित नहीं होगा कभी।

अपने में, सब में एक ही भगवान देखेगा तभी।।

अपि चेदसि पापेभ्य: सर्वेभ्य: पापकृत्तम:।

सर्वं ज्ञानप्लवेनैव वृजिनं सन्तरिष्यसि।।36।।

सब पापियों से भी अधिक यदि तुझमें पाप का भार है।

तू ज्ञान नाव में बैठ जा, फिर पाप सागर पार है।।

यथैधांसि समिद्धोऽग्निर्भस्मसात्कुरुतेऽर्जुन।

ज्ञानाग्नि: सर्वकर्माणि भस्मसात्कुरुते तथा।।37।।

आग से ही लकड़ी जैसे, भस्म होती है सदा।

उस भाँति ज्ञान की आग से, हों कर्म भस्म भी सर्वदा।।

न हि ज्ञानेन सदृशं पवित्रमिह विद्यते।

तत्स्वयं योगसंसिद्ध: कालेनात्मनि विन्दति।।38।।

कुछ भी नहीं है ज्ञान सम, पावन सदा जग में कभी।

वो कर्म योगी शुद्ध मन हो, आत्मा लख पाता तभी।।

श्रद्धावाँल्लभते ज्ञानं तत्परः संयतेन्द्रियः।
ज्ञानं लब्ध्वा परां शान्तिमचिरेणाधिगच्छति।।39।।

इन्द्रियों को जीत कर, और साधना श्रद्धा से कर।
ज्ञान पा भगवान का, तत्काल पाता शान्ति नर।।

अज्ञश्चाश्रद्दधानश्च संशयात्मा विनश्यति।
नायं लोकोऽस्ति न परो न सुखं संशयात्मनः।।40।।

संयम नहीं, श्रद्धा नहीं, भले काम जो करता नहीं।
उसके लिए इस लोक या परलोक में सुख है नहीं।।

योगसंन्यस्तकर्माणं ज्ञानसञ्छिन्नसंशयम्।
आत्मवन्तं न कर्माणि निबध्नन्ति धनञ्जय।।41।।

कर्म योगी कर्म कर, अर्पण करे भगवान को।
कर संशयों का नाश, कर्म न बाँधे श्रद्धावान को।।

तस्मादज्ञानसम्भूतं हृत्स्थं ज्ञानासिनात्मनः।
छित्त्वैनं संशयं योगमातिष्ठोत्तिष्ठ भारत।।42।।

आज्ञान से है हृदय में भ्रम, तू कर्मयोगी सार से।
इसे काट अर्जुन युद्ध कर तू ज्ञान की तलवार से।।

चतुर्थ अध्याय समाप्त हुआ।

*

अध्याय पाँच

अर्जुन भगवान श्री कृष्ण से कहते हैं

संन्यसासं कर्मणां कृष्ण पुनर्योगं च शंससि।
यच्छ्रेय एतयोरेकं तन्मे ब्रूहि सुनिश्चितम्।।1।।

संन्यास की कभी कर्मयोग की बातें करते आप जो।
इन दोनों में जो ठीक हो, बतलादो मुझको बात वो।।

भगवान श्री कृष्ण कहते हैं

संन्यासः कर्मयोगश्च निःश्रेयसकरावुभौ।
तयोस्तु कर्मसंन्यासात्कर्मयोगो विशिष्यते।।2।।

कल्याणकारी दोनों हैं सन्यास योग व कर्म भी।
पर कर्म योग है दोनों में सरल भी और श्रेष्ठ भी।।

ज्ञेयः स नित्यसंन्यासी यो न द्वेष्टि न कांक्षति।
निर्द्वन्द्वो हि महाबाहो सुखं बन्धात्प्रमुच्यते।।3।।

अर्जुन जो जन नहीं द्वेष करता, और ना इच्छा करता है
संन्यासी ही है कर्मयोगी, बिन बँधे जग में रहता है।।

साङ्ख्ययोगौ पृथग्बालाः प्रवदन्ति न पण्डिताः।
एकतप्यास्थितः सम्यगुभयोर्विन्दते फलम्।।4।।

सन्यास योग व कर्मयोग के फल अलग कहें मूर्ख जन।
दोनों बराबर मार्ग है, प्रभु प्राप्ति के कहें ज्ञानी जन।।

यत्साङ्ख्यै प्राप्यते स्थानं तद्योगैरपि गम्यते।
एकं साङ्ख्यं च योगं च यः पश्यति स पश्यति।।5।।

ज्ञान योगी व कर्म योगी परम धाम को पाते हैं।
इसलिए फल दोनों के ही एक से कहलाते हैं।।

संन्यासस्तु महाबाहो दुःखमाप्तुमयोगतः।
योगयुक्तो मुनिर्ब्रह्म नचिरेणाधिगच्छति।।6।।

बिन कर्म योगी कर्त्तापन का, त्याग भी नहीं सरल है।
शीघ्र पाता प्रभु को जिसका भक्ति में मन अचल है।।

योगयुक्तो विशुद्धात्मा विजितात्मा जितेन्द्रियः।
सर्वभूतात्मभूतात्मा कुर्वन्नपि न लिप्यते।।7।।

निज में व सब में देखता, बसे एक ही भगवान है।
मन इन्द्रियाँ वश में करे जो, वो कर्म योगी महान है।।

नैव किञ्चित्करोमीति युक्तो मन्येत तत्त्ववित्।
पश्यञ्शृण्वन्स्पृशञ्जिघ्रन्नश्नन्गच्छन्स्वपञ्श्वसन्।।8।।

जिसे ज्ञान होता तत्व का, सुनता है या फिर खाता है।
सूंघता या सोता है, या वो बोलता या जाता है।।

प्रलपन्विसृजन्गृह्णन्नुन्मिषन्निमिषन्नपि ।
इन्द्रियाणीन्द्रियार्थेषु वर्तन्त इति धारयन्।।9।।

वो जानता करती हैं सारा कार्य इंद्रियाँ में नहीं।
श्वास लेना छोड़ना, वाणी या आँखों का कर्म भी।।

ब्रह्मण्याधाय कर्माणि सङ्गं त्यक्त्वा करोति यः।
लिप्यते न स पापेन पद्मपत्रमिवाम्भसा।।10।।

त्यागता आसक्ति, अर्पण कर्म करे भगवान को।
जैसे कमल को जल, न लगता पाप श्रद्धावान को।।

कायेन मनसा बुद्ध्या केवलैरिन्द्रियैरपि।
योगिनः कर्म कुर्वन्ति सङ्ग त्यक्त्वात्मशुद्धये।।11।।

मैं कर्म करता कर्म योगी ये कभी नहीं मानता।
अन्तः करण की शुद्धि हेतु, कर्म है ये जानता।।

युक्त: कर्मफलं त्यक्त्वा शन्तिमाप्नोति नैष्ठिकीम्।
अयुक्त: कामकारेण फले सक्तो निबध्यते।।12।।

कर्मयोगी कर्म का फल त्याग, शान्ति को पाते हैं।
जो कामना से कर्म करते, वो फल में ही बँध जाते हैं।।

सर्वकर्माणि मनसा संन्यस्यास्ते सुखं वशी।
नवद्वारे पुरे देही नैव कुर्वन्न कारयन्।।13।।

अन्तः करण कर वश में मन से कर्मों को त्यागें सभी।
आनन्द से परमात्मा में ध्यान रखे वो सब कहीं।।

न कर्तृत्वं न कर्माणि लोकस्य सृजति प्रभु:।
न कर्मफलसंयोगं स्वभावस्तु प्रवर्तते।।14।।

अपने स्वाभाव से कर्म करते सारे प्राणी आप से।
ईश्वर को लेना कुछ नहीं, किसी कर्म के अभिप्राय से।।

नादत्ते कस्यचित्पापं न चैव सुकृतं विभु:।
अज्ञानेनावृतं ज्ञानं तेन मुह्यन्ति जन्तव:।।15।।

ईश्वर न लेते कर्म शुभ, अथवा किसी के पाप को।
ज्ञान ढक अज्ञान से जन करते मोहित आपको।।

ज्ञानेन तु तदज्ञानं येषां नाशितमात्मन:।
तेषामादित्यवज्ज्ञानं प्रकाशयति तत्परम्।।16।।

अज्ञान जिसका नष्ट हो परमात्म तत्व के ज्ञान से।
तब सूर्य जैसा ज्ञान होता प्रकट श्री भगवान से।।

तद्बुद्धयस्तदात्मानस्तन्निष्ठास्तत्परायणा: ।
गच्छन्त्यपुनरावृतिं ज्ञाननिर्धूतकल्मषा:।।17।।

मन, बुद्धि, जिनकी एक परमेश्वर में ही है लगी सदा।
वो ज्ञान से निष्पाप पाते परमगति को सर्वदा।।

विद्याविनयसम्पन्ने ब्राह्मणे गवि हस्तिनि।
शुनि चैव श्वपाके च पण्डिता: समदर्शिन:।।18।।

हाथी व कुत्ता व गाय भी ज्ञानी की दृष्टि में एक है।
चाण्डाल यो या विनयी ब्राह्मण, जिसके पास विवेक है।।

इहैव तैजित: सर्गो येषां साम्ये स्थितं मन:।
निर्दोषं हि समं ब्रह्म तस्माद् ब्रह्मणि ते स्थिता:।।19।।

समभाव रखता जो मन वो जीतता संसार है।
परमात्मा निर्दोष सम समता से उसको प्यार है।।

न प्रहृष्येत्प्रियं प्राप्य नोद्विजेत्प्राप्य चाप्रियम्।
स्थिरबुद्धिरसम्मूढो ब्रह्मविद् ब्रह्मणि स्थित:।।20।।

प्रिय वस्तु पा न प्रसन्न अप्रिय पा जिसे दु:ख है नहीं।
परमात्म तत्व में बुद्धि जिसकी, है उसे संशय नहीं।।

बाह्यस्पर्शेष्वसक्तात्मा विन्दत्यात्मनि यत्सुखम्।
स ब्रह्मयोगयुक्तात्मा सुखमक्षयमश्नुते।।21।

बाहरी सुख छोड़ ध्यान में, पाता जो आनन्द है।
पर ब्रह्म ध्यान में वो सदा, पा लेना परमानन्द है।।

ये हि संस्पर्शजा भोगा दु:खयोनय एव ते।
आद्यन्तवन्त: कौन्तेय न तेषु रमते बुध:।।22।।

इन्द्रियों के भोग में सुख, सारे जन ही पाते हैं।
क्षणिक सुख में बुद्धिमान, मनुष्य मन न लगाते हैं।।

शक्नोतीहैव य: सोढुं प्राक्शरीरविमोक्षणात्।
कामक्रोधोद्भवं वेगं स युक्त: स सुखी नर:।।23।।

जो समर्थ सहने में काम क्रोध के वेग को हो जाता है।
वह पुरुष है योगी, जग में सुख सदा वो पाता है।।

योऽन्तःसुखोऽन्तरारामस्तथान्तर्ज्योतिरेव यः।
स योगी ब्रह्मनिर्वाणं ब्रह्मभूतोऽधिगच्छति।।24।।

अन्तरात्मा में जो जन, करके रमण सुख पाता है।
वह सांख्य योगी सच्चिदानन्द, शान्त ब्रह्म को पाता है।।

लभन्ते ब्रह्मनिर्वाणमृषयः क्षीणकल्मषाः।
छिन्नद्वैधा यतात्मानः सर्वभूतहिते रताः।।25।।

सब नष्ट जिनके पाप संशय, प्राणियों का हित करें।
मन जीत कर परमात्मा को, प्राप्त वो ही नर करें।।

कामक्रोधवियुक्तानां यतीनां यतचेतसाम्।
अभितो ब्रह्मनिर्वाणं वर्तते विदितात्मनाम्।।26।।

काम क्रोध से मुक्त, चित्त को जीत कर ज्ञानी सदा।
शान्ति से परिपूर्ण है, परब्रह्म में ही सर्वदा।।

स्पर्शान्कृत्वा बहिर्बाह्यांश्चक्षुश्चैवान्तरे भ्रुवोः।
प्राणापानौ समौ कृत्वा नासाभ्यन्तरचारिणौ।।27।।

भोग विषयों से मन हटा माथे के मध्य में दृष्टि रख।
प्राणायाम से इन्द्रियाँ, मन बुद्धि को भी जीत कर।।

यतेन्द्रियमनोबुद्धिर्मुनिर्मोक्षपरायणः ।
विगतेच्छाभयक्रोधो यः सदा मुक्त एव सः।।28।।

भय क्रोध इच्छा से दूर जो, योगी गुणों से युक्त है।
वो मोक्ष के पथ जा रहा, समझो सदा ही मुक्त है।।

भोक्तारं यज्ञतपसां सर्वलोकमहेश्वरम्।
सुहृदं सर्वभूतानां ज्ञात्वा मां शन्तिमृच्छति।।29।।

प्रभु सबके मित्र दयालु हैं, जिसे ज्ञात ये हो जाता है।
तप, यज्ञ भोक्ता भी ईश हैं, वो भक्त शान्ति को पाता है।।

पंचम अध्याय समाप्त हुआ।

❋

अध्याय छह

भगवान श्री कृष्ण ने कहा

अनाश्रितः कर्मफलं कार्यं कर्म करोति यः।
स संन्यासी च योगी च न निरग्निर्न चाक्रियः।।1।।

कर्म का फल त्याग, करता काम जो है करने को।
वो योगी सन्यासी नहीं, जिसे काम कुछ नहीं करने को।।

यं संन्यासमिति प्राहुर्योगं तं विद्धि पाण्डव।
न ह्यसंन्यस्तसंकल्पो योगी भवति कश्चन।।2।।

बिन त्याग कर संकल्प को होता नहीं योगी कभी।
सन्यासी वो कहलाता है, और उसको जानो योगी भी।।

आरुरुक्षोर्मुनेर्योगं कर्म कारणमुच्यते।
योगारूढस्य तस्यैव शमः कारणमुच्यते।।3।।

निष्काम भाव से कर्म करना योगी का ही कर्म है।
संकल्प सारे छोड़ना, कल्याण पथ का मर्म है।।

यदा हि नेन्द्रियार्थेषु न कर्मस्वनुषज्जते।
सर्वसङ्कल्पसंन्यासी योगारूढस्तदोच्यते।।4।।

आसक्ति जब होती नहीं है, कर्म में और भोग में।
सारे संकल्पों का त्यागी, तब टिका है योग में।।

उद्धरेदात्मनाऽत्मानं नात्मानमवसादयेत्।
आत्मैव ह्यात्मनो बन्धुरात्मैव रिपुरात्मनः।।5।।

निज को उठाये या गिराये, ये सब है अपने हाथ में।
ये मनुष्य अपना मित्र या शत्रु है अपने आप में।।

बन्धुरात्मात्मनस्तस्य येनात्मैवात्मना जितः।
अनात्मनुस्तु शत्रुत्वे वर्ततात्मैव शत्रुवत्।।6।।

जिसने भी इन्द्रियाँ, मन शरीर को, जीता मित्र है आपका।
नहीं जीत पाया तो वही, शत्रु है अपने आपका।।

जितात्मनः प्रशान्तस्य परमात्मा समाहितः।
शीतोष्णसुखदुःखेषु तथा मानापमानयोः।।7।।

जो शान्त है सर्दी या गर्मी, मान में अपमान में।
सुख-दुःख में भी जो शान्त है, समझो टिका भगवान में।।

ज्ञानविज्ञानतृप्तात्मा कूटस्थो विजितेन्द्रियः।
युक्त इत्युच्यते योगी समलोष्टश्मकाञ्चनः।।8।।

योगी जो ज्ञान से तृप्त, जिसकी इन्द्रियाँ जीती हुई।
लगे एक ही उसको सदा, पत्थर या सोना मिट्टी भी।।

सहृन्मित्रार्युदासीनमध्यस्थद्वेष्यबन्धुषु।
साधुष्वपि च पापेषु समबुद्धिर्विशिष्यते।।9।।

जन श्रेष्ठ वो सब में बराबर भाव जो रखता सदा।
मित्र हो या शत्रु हो या पापी, धर्मी सर्वदा।।

योगी युञ्जीत सततमात्मानं रहसि स्थितः।
एकाकी यतचित्तात्मा निराशीरपरिग्रहः।।10।।

आशा रहित मन इन्द्रियाँ तन, वश में रखने वाला हो।
परमात्मा में आत्मा योगी लगाने वाला हो।।

शुचौ देशे प्रतिष्ठाप्य स्थिरमासनमात्मनः।
नात्युच्छ्रितं नातिनीचं चैलाजिनकुशोत्तरम्।।11।।

आसन लगा के शुद्धि भूमि में, फिर कुशा मृग चर्म भी।
फिर वस्त्र पावन और समतल हो वहाँ पर भूमि भी।।

तत्रैकाग्रं मनः कृत्वा यतचित्तेन्द्रियक्रियः।
उपविश्यासने युञ्ज्याद्योगमात्मविशुद्धये।।12।।

आसन में बैठ के चित्त इन्द्रियों की क्रिया वश में करे।
अंतः करण की शुद्धि को एकाग्र मन अपना करे।।

समं कायशिरोग्रीवं धारयन्नचलं स्थिर:।
सम्प्रेक्ष्य नासिकाग्रं स्वं दिशश्चानवलोकयन्।।13।।

सिर शरीर व गले को स्थिर व सीधा ही करे।
नासिका के अग्र भाग में दृष्टि को अपनी करे।।

प्रशान्तात्मा विगतभीर्ब्रह्मचारिव्रते स्थित:।
मन: संयम्य मच्चित्तो युक्त आसीत मत्पर:।।14।।

ब्रह्मचर्य को पालता हो, भय न जिसको हो कभी।
शान्त अन्त:करण मन वश, चित्त मुझमें रखे तभी।।

युञ्जन्नेवं सदात्मानं योगी नियतमानस:।
शन्तिं निर्वाणपरमां मत्संस्थामधिगच्छति।।15।।

मन को वश कर, नित्य योगी, आत्मा मुझमें लगाता है।
परमानन्द स्वरूप मैं, ये जान शान्ति को पाता है।।

नात्यश्नतस्तु योगोऽस्ति न चैकान्तमश्नत:।
न चाति स्वप्रशीलस्य जाग्रतो नैव चार्जुन।।16।।

यह योग सिद्ध ना होता, अति खाने से या फिर बहुत कम।
नींद भी ना हो अधिक, और हो नहीं बिल्कुल भी कम।।

युक्ताहारविहारस्य युक्तचेष्टस्य कर्मसु।
युक्तस्वप्नावबोधस्य योगो भवति दु:खहा।।17।।

दु:खों का नाश जो करता योग, वो सिद्ध हो व्यवहार में।
भलि भाँति हो सब कर्म जब, आहार और विहार में।।

यदा विनियतं चित्तमात्मन्येवावतिष्ठते।
नि:स्पृह: सर्वकामेभ्यो युक्त इत्युच्यते तदा।।18।।

पूर्ण वश में हो चित्त जब, परमात्मा में टिकता तब।
योग युक्त पुरुष है वो, नहीं लिप्त हो भोगों में जब।।

यथा दीपो निवातस्थो नेङ्गते सोपमा स्मृता।
योगिनो यतचित्तस्य युञ्जतो योगमात्मनः।।19।।

भूमि वायु रहित में, जले दीप ठीक विधान से।
योगी भी चित्त को जीतता, परमात्मा के ध्यान से।।

यत्रोपरमते चिंत निरुद्धं योगसेवया।
यत्र चैवात्मनात्मानं पश्यन्नात्मनि तुष्यति।।20।।

योग के अभ्यास से जब शान्त चित्त हो जाता है।
हरि ध्यान, शुद्ध हो बुद्धि फिर आनन्द को वो पाता है।।

सुखमात्यन्तिकं यत्तद्बुद्धिग्राह्यमतीन्द्रियम्।
वेत्ति यत्र न चैवायं स्थितश्चलति तत्त्वतः।।21।।

जो इन्द्रियों से दूर सूक्ष्म बुद्धि का आनन्द है।
विचलित न होता हर अवस्था में, वो परमानन्द है।।

यं लब्ध्वा चापरं लाभं मन्यते नाधिकं ततः।
यस्मिन् स्थितो न दुःखेन गुरुणापि विचाल्यते।।22।।

परमात्मा की प्राप्ति से, बढ़कर न कोई लाभ है।
बड़े भारी दुःख से भी न विचलित, होता मन तब आप है।।

तं विद्याद् दुःखसंयोगवियोगं योगसञ्ज्ञितम्।
स निश्चयेन योक्तव्यो योगोऽनिर्विण्णचेतसा।।22।।

संसार का जिसमें न दुःख उसे योग ही तुम जानना।
अति धैर्य और उत्साह से, कर्त्तव्य इसको मानना।।

सङ्कल्पप्रभवान्कामांस्त्यक्त्वा सर्वानशेषतः।
मनसैवेन्द्रियग्रामं विनियम्य समन्ततः।।24।।

संकल्प से उत्पन्न सारी कामनायें छोड़कर।
मन इन्द्रियों को भी सभी, सब ओर से भी मोड़कर।।

शनैः शनैरुपरमेद्बुद्ध्या धृतिगृहीतया।
आत्मसंस्थं मनः कृत्वा न किं चिदपि चिन्तयेत्।।25।।

धीरे-धीरे धैर्य से मन बुद्धि परमात्मा में धर।
परमात्मा के अन्य और किसी का भी चिन्तन न कर।।

यतो यतो निश्चरति मनश्चञ्चलमस्थिरम्।
ततस्ततो नियम्यैतदात्मन्येव वशं नयेत्।।26।।

चंचल ये मन जिस-जिस विषय में घूमता रहता सदा।
उससे हटा परमात्मा में ही लगाओ सर्वदा।।

प्रशान्तमनसं ह्येनं योगिनं सुखमुत्तमम्।
उपैति शान्तरजसं ब्रह्मभूतमकल्पषम्।।27।।

मन शान्त जिसका है, रजोगुण पाप से भी दूर है।
वो एक ही पर ब्रह्म के आनन्द से भरपूर है।।

युञ्जन्नेवं सदात्मानं योगी विगतकल्मषः।
सुखेन ब्रह्मसंस्पर्शमत्यन्तं सुखमश्नुते।।28।।

आत्मा को परमात्मा में, पाप रहित हो योगी लगाता है।
पर ब्रह्म परमात्मा का सुख आनन्द से वो पाता है।।

सर्वभूतस्थमात्मानं सर्वभूतानि चात्मनि।
ईक्षते योगयुक्तात्मा सर्वत्र समदर्शनः।।29।।

सब प्राणियों में एक आत्मा, योगी को दिख जाती है।
हर जगह मैं ही समाया हूँ, ये दृष्टि भी मिल जाती है।।

यो मां पश्यति सर्वत्र सर्वं च मयि पश्यति।
तस्याहं न प्रणश्यामि स च मे न प्रणश्यति।।30।।

जो सबमें मुझको देखता, और मुझको देखता सब कहीं।
है वो छुपा मुझसे नहीं, और मैं छुपा उससे नहीं।।

सर्वभूतस्थितं यो मां भजत्येकत्वमास्थितः।
सर्वथा वर्तमानोऽपि स योगी मयि वर्तते।।31।।

जो एक भाव से सब में रहने वाले, ईश को भजता है।
वो योगी सबकी सेवा कर मुझमें समाया रहता है।।

आत्मौपम्येन सर्वत्र समं पश्यति योऽर्जुन।
सुखं वा यदि वा दुःखं स योगी परमो मतः।।32।।

जो अपने जैसा औरों का, सुख दुःख बराबर मानता।
है श्रेष्ठ योगी वो सदा, सब में जो मुझको जानता।।

श्री कृष्ण से तब अर्जुन बोले

योऽयं योगस्त्वया प्रोक्तः साम्येन मधुसूदन।
एतस्याहं न पश्यामि चंचलत्वात्स्थितिं स्थिराम्।।33।।

हे कृष्ण मन चंचल है, आपने योग जो बतलाया है।
सबमें बराबर भाव नित्य न, कोई भी रख पाया है।।

चञ्चलं हि मनः कृष्ण प्रमाथि बलवद्दृढम्।
तस्याहं निग्रहं मन्ये वायोरिव सुदुष्करम्।।34।।

वायु के जैसा कठिन, हे कृष्ण रोकना मन को है।
बलवान दृढ़, चंचल, हठी, लगता सदा ये मुझको है।।

भगवान श्री कृष्ण बोले

असंशयं महाबाहो मनो दुर्निग्रहं चलम्।
अभ्यासेन तु कौन्तेय वैराग्येण च गृह्यते।।35।।

सच में अर्जुन मन को वश में, करना बहुत ही कठिन है।
वैराग्य की बातों को सुन, इसे वश में करना न कठिन है।।

असंयतात्मना योगो दुष्प्राप इति मे मतिः।
वश्यात्मना तु यतता शक्योऽवाप्तुमुपायतः।।36।।

मन वश किये बिन कोई भी, योगी नहीं हो सकता है।
यत्न करके, मन को वश कर योग भी हो सकता है।।

अर्जुन ने भगवान श्री कृष्ण से पूछा

अयतिः श्रद्धयोपेतो योगाच्चलितमानसः।
अप्राप्य योगसंसिद्धिं कां गतिं कृष्ण गच्छति।।37।।

योग में श्रद्धा हो जिसकी, पर नहीं जो है सयंमी।
नहीं प्राप्त कर भगवान को, किस गति को पाता है वही।।

कच्चिन्नोभयविभ्रष्टश्छिन्नाभ्रमिव नश्यति।
अप्रतिष्ठो महाबाहो विमूढो ब्रह्मणः पथि।।38।।

मोहित पुरुष क्या बादलों के जैसा होता नष्ट है।
नहीं प्राप्त कर भगवान को, क्या उसका जीवन भ्रष्ट है।।

एतन्मे संशयं कृष्ण छेत्तुमर्हस्यशेषतः।
त्वदन्यः संशयस्यास्य छेत्ता न ह्युपपद्यते।।39।।

हे कृष्ण ये संशय तो केवल, आप से कट सकता है।
सम्भव नहीं ये किसी से, कोई कुछ नहीं कर सकता है।।

भगवान श्री कृष्ण बोले

पार्थ नैवेह नामुत्र विनाशस्तस्य विद्यते।
न हि कल्याणकृत्कश्चिद्दुर्गतिं तात गच्छति।।40।।

उद्धार आत्मा के लिये, जो करते कर्म यथार्थ हैं।
इस लोक या परलोक में, नहीं नष्ट होते पार्थ हैं।।

प्राप्य पुण्यकृतां लोकानुषित्वा शाश्वतीः समाः।
शुचीनां श्रीमतां गेहे योगभ्रष्टोऽभिजायते।।41।।

जो योग पथ से भटक गये, वो स्वर्ग में सुख पाते हैं।
फिर जन्म लेकर श्रेष्ठ पुरुषों के ही घर में आते हैं।।

अथवा योगिनामेव कुले भवति धीमताम्।
एतद्धि दुर्लभतरं लोके जन्म यदीदृशम्।।42।।

वैराग्यवान ही जन्म लेता, योगी के परिवार में।
दुर्लभ है उसका जन्म, सच में सारे ही संसार में।।

तत्र तं बुद्धिसंयोगं लभते पौर्वदेहिकम्।
यतते च ततो भूयः संसिद्धौ कुरुनन्दन।।43।।

सम बुद्धि उसको पार्थ, पहले जैसी ही मिल जाती है।
परमात्म प्राप्ति के सिद्धि पथ पर ही उसे ले जाती है।।

पूर्वाभ्यासेन तेनैव ह्रियते ह्यवशोऽपि सः।
जिज्ञासुरपि योगस्य शब्दब्रह्मातिवर्तते।।44।।

पूर्व जन्म का योगी फिर, करता वो सारे कर्म है।
बिन कामना सम बुद्धि से, करता सदा सत्कर्म है।।

प्रयत्नाद्यतमानस्तु योगी संशुद्धकिल्बिषः।
अनेकजन्मसंसिद्धस्ततोयातिपरांगतिम्।।45।।

करके प्रयास वो योगी, पूर्व के जन्म के संस्कार को।
काटकर, निष्पाप, सिद्ध हो, पाता प्रभु के द्वार को।।

तपस्विभ्योऽधिको योगी ज्ञानिभ्योऽपि मतोऽधिकः।
कर्मिभ्यश्चाधिको योगी तस्माद्योगी भवार्जुन।।46।।

योगी ही श्रेष्ठ तपस्वी, ज्ञानी, सकाम कर्मो से सदा।
इस लिये योगी बनो, अब तुम भी अर्जुन सर्वदा।।

योगिनामपि सर्वेषां मद्गतेनान्तरात्मना।
श्रद्धावान्भजते यो मां स मे युक्ततमो मतः।।47।।

मुझमें लगा कर आत्मा, भजता मुझे जो नित्य है।
सब योगियों में श्रेष्ठ मान्य है, सच में श्रद्धा युक्त है।।

छठा अध्याय समाप्त हुआ।

अध्याय सात

भगवान श्री कृष्ण अर्जुन से बोले

मय्यासक्तमनाः पार्थ योगं युञ्जन्मदाश्रयः।
असंशयं समग्रं मां यथा ज्ञास्यसि तच्छृणु।।1।।

हे पार्थ योग से, मेरी शक्ति, विभूति तू सब जान ले।
संशय रहित मैं आत्म रूप हूँ, सब में मुझको मान ले।।

ज्ञानं तेऽहं सविज्ञानमिदं वक्ष्याम्यशेषतः।
यज्ज्ञात्वा नेह भूयोऽन्यज्ज्ञातव्यमवशिष्यते।।2।।

विज्ञान सहित, ये तत्व ज्ञान को आज सारा जान ले।
मैं सब कहुँगा, फिर न होगा शेष कुछ भी मान ले।।

मनुष्याणां सहस्त्रेषु कश्चिद्यतति सिद्धये।
यततामपि सिद्धानां कश्चिद्यन्मां वेत्ति तत्त्वतः।।3।।

मुझे प्राप्त करने का प्रयास करते योगी हजारों जन।
मेरे परायण हो के एक ही करता सिद्धि का वरण।।

भूमिरापोऽनलो वायुः खं मनो बुद्धिरेव च।
अहङ्कार इतीयं मे भिन्ना प्रकृतिरष्टधा।।4।।

धरती व पानी, आग, वायु, बुद्धि मन आकाश है।
और अहंकार ये आठ भाग, जो जड़ प्रकृति का वास है।।

अपरेयमितस्त्वन्यां प्रकृतिं विद्धि मे पराम्।
जीवभूतां महाबाहो ययेदं धार्यते जगत्।।5।।

इस जड़ में जो, चेतन है वो, मेरा ही चेतन रूप है।
सारा जगत धारण किये, चेतन प्रकृति स्वरूप है।।

एतद्योनीनि भूतानि सर्वाणीत्युपधारय।
अहं कृत्स्नस्य जगतः प्रभवः प्रलयस्तथा।।6।।

चेतन व जड़ से जग बना, अर्जुन ये सारा जान ले।
मैं जन्म देता, पालता, मुझे नाशकर्ता मान ले।।

मत्तः परतरं नान्यत्किञ्चिदस्ति धनञ्जय।
मयि सर्वमिदं प्रोतं सूत्रे मणिगणा इव।।7।।

मेरे सिवा कुछ भी नहीं है, पार्थ इस संसार में।
कण कण पिरोया मुझ में, जैसे रत्न हो किसी हार में।

रसोऽहमप्सु कौन्तेय प्रभास्मि शशिसूर्ययो।
प्रणवः सर्ववेदेषु शब्दः खे पौरुषं नृषु।।8।।

अर्जुन मैं रस हूँ पानी में, चन्द्र सूर्य हूँ प्रकाश में।
पुरुषत्व पुरूषों में, ओम वेदों में, ध्वनी हूँ मैं आकाश में।।

पुण्यो गन्धः पृथिव्यां च तेजश्चास्मि विभावसौ।
जीवनं सर्वभूतेषु तपश्चास्मि तपस्विषु।।9।।

संसार में हूँ सुगन्ध, आग में तेज का ही स्वरूप हूँ।
सब प्राणियों में प्राण और तपियों में तप का रूप हूँ।।

बीजं मां सर्वभूतानां विद्धि पार्थ सनातनम्।
बुद्धिर्बुद्धिमतामस्मि तेजस्तेजस्विनामहम्।।10।।

अर्जुन मैं सारे जीवों का ही, बीज रूप में सार हूँ।
बुद्धिमानों में बुद्धि, तेजस्वि का तेज अपार हूँ।।

बलं बलवतां चाहं कामरागविवर्जितम्।
धर्माविरुद्धो भूतेषु कामोऽस्मि भरतर्षभ।।11।।

आसक्ति और बिन कामना, सामर्थ हूँ बलवान का।
मैं ही काम, धर्म व शास्त्र के अनुकूल प्राणवान का।।

ये चैव सात्त्विका भावा राजसास्तामसाश्च ये।
मत्त एवेति तान्विद्धि न त्वहं तेषु ते मयि।।12।।

सत्व, रज तम तीन गुण, मुझसे ये जन्मा भाव है।
ये भाव सब मेरे हैं पर, इनसे न मेरा लगाव है।।

त्रिभिर्गुणमयैर्भावैरेभिः सर्वमिदं जगत्।
मोहितं नाभिजानाति मामेभ्यः परमव्ययम्।।13।।

इन त्रिगुण भावों से ही मोहित, हो रहा संसार है।
अविनाशी मुझको न जानते, जो तत्व त्रिगुणों से पार है।।

दैवी ह्येषा गुणमयी मम माया दुरत्यया।
मामेव ये प्रपद्यन्ते मायामेतां तरन्ति ते।।14।।

तीनों गुणों से युक्त माया, कठिन और अपार है।
भजता निरन्तर मुझको जो, हो जाता इससे पार है।।

न मां दुष्कृतिनो मूढ़ाः प्रपद्यन्ते नराधमाः।
माययापहृतज्ञाना आसुरं भावमाश्रिताः।।15।।

ज्ञान ही माया ने जिनका, कर लिया चोरी सभी।
वो नीच मूर्ख मनुष्य हैं, मुझको नहीं भजते कभी।।

चतुर्विधा भजन्ते मां जनाः सुकृतिनोऽर्जुन।
आर्तो जिज्ञासुरर्थार्थी ज्ञानी च भरतर्षभ।।16।।

अर्जुन ये चार प्रकार के ही, श्रेष्ठजन मुझे भजते हैं।
ज्ञानी, जिज्ञासु, दुःखी और धन की आस जो करते हैं।।

तेषां ज्ञानी नित्ययुक्त एकभक्तिर्विशिष्यते।
प्रियो हि ज्ञानिनोऽत्यर्थमहं स च मम प्रियः।।17।।

एकत्व मति से प्रेम से, ज्ञानी ही भजता है सदा।
वो सर्वाधिक है प्रिय मुझे, उसको भी प्रिय मैं सर्वदा।।

उदाराः सर्व एवैते ज्ञानी त्वात्मैव मे मतम्।
आस्थितः स हि युक्तात्मा मामेवानुत्तमां गतिम्।।18।।

ये सब उदार है ज्ञानी तो, साक्षात् मेरा रूप है।
मन बुद्धि से मुझमें सर्मपित, भक्त मेरा स्वरूप है।।

बहूनां जन्मनामन्ते ज्ञानवान्मां प्रपद्यते।
वायुदेवः सर्वमिति स महात्मा सुदुर्लभः।।19।।

कई जन्म ले फिर अन्त में, ज्ञानी को इसका ज्ञान है।
सब कुछ है मेरा जान, दुर्लभ भक्त भजता महान है।।

कामैस्तैस्तैर्हृतज्ञाना: प्रपद्यन्तेऽन्यदेवता:।
तं तं नियममास्थाय प्रकृत्या नियता: स्वया।।20।।

कामना से ज्ञान जिनका, हो गया चोरी सभी।
वो देवताओं को पूजते, हो स्वभाव से प्रेरित वही।।

यो यो यां यां तनुं भक्त: श्रद्धयार्चितुमिच्छति।
तस्य तस्याचलां श्रद्धां तामेव विदधाम्यहम्।।21।।

जन जिस किसी भी देवता की, पूजा करता है सदा।
स्थिर मैं करता भक्त की श्रद्धा उसी में सर्वदा।।

स तया श्रद्धया युक्तस्तस्याराधनमीहते।
लभते च तत: कामान्मयैव विहितान्हि तान्।।22।।

श्रद्धा से करके देव पूजन में जो मन को लगाता है।
मेरे विधान से कर्म कर, वो सच में फल को पाता है।।

अन्तवत्तु फलं तेषां तद्भवत्यल्पमेधसाम्।
देवान्देवयजो यान्ति मद्भक्ता यान्ति मामपि।।23।।

मेरे भक्त जैसे भी भजें, वो मेरे पास ही आते हैं।
बुद्धि जिनकी कम, क्षणिक से लाभ को वो पाते हैं।।

अव्यक्तं व्यक्तिमापन्नं मन्यन्ते मामबुद्धय:।
परं भावमजानन्तो ममाव्ययमनुत्तमम्।।24।।

बुद्धि हीन पुरूष तो मुझको, मरने वाला मानते।
भगवान मैं अविनाशी हूँ, इस भाव को नहीं जानते।।

नाहं प्रकाश: सर्वस्य योगमायासमावृत:।
मूढोऽयं नाभिजानाति लोको मामजमव्ययम्।।25।।

निज योग माया से ढका, सबको न मैं दिखता कभी।
अविनाशी और अजन्मा हूँ, पर मूर्ख जन लखता नहीं।।

वेदाहं समतीतानि वर्तमानानि चार्जुन।
भविष्याणि च भूतानि मां तु वेद न कश्चन।।26।।

जो जीव थे, अब है, या होंगें पार्थ उनको मैं जानता।
पर भक्ति, श्रद्धा हीन जन, इस बात को नहीं मानता।।

इच्छाद्वेषसमुत्थेन द्वन्द्वमोहेन भारत।
सर्वभूतानि सम्मोहं सर्गे यान्ति परन्तप।।27।।

इच्छा से या फिर द्वेष से, सुख दुःख जो जग में व्याप्त है।
अज्ञान ये सब प्राणियों को मोह से ही प्राप्त है।।

येषां त्वन्तगतं पापं जनानां पुण्यकर्मणाम्।
ते द्वन्द्वमोहनिर्मुक्ता भजन्ते मां दृढव्रताः।।28।।

निष्काम भाव से कर्म कर, हुए नाश जिनके पाप हैं।
दृढ़ निश्चयी, र्निद्वन्द्व, भक्त तो भजते अपने आप हैं।।

जरामरणमोक्षाय मामाश्रित्य यतन्ति ये।
ते ब्रह्म तद्विदुः कृत्सस्नमध्यात्मं कर्म चाखिलम्।।29।।

मेरी शरण आ बुढ़ापा, मृत्यु से छूटना जो चाहते।
वो ब्रह्म को, अध्यात्म को, और सारे कर्मों का जानते।।

साधिभूताधिदैवं मां साधियज्ञं च ये विदुः।
प्रयाणकालेऽपि च मां ते विदुर्युक्तचेतसः।।30।।

मैं यज्ञ और मैं देव सबका, आत्म रूप जो जान ले।
अन्तिम समय में भक्त जन, लगा मन मुझी में प्रयाण ले।।

सातवां अध्याय समाप्त हुआ।

❀

अध्याय आठ

अर्जुन श्री कृष्ण से पूछने लगे

किं तदब्रह्म किमध्यात्मं किं कर्म पुरुषोत्तम्।
अधिभूतं च किं प्रोक्तमधिदैवं किमुच्यते।।1।।

अर्जुन ये बोले कृष्ण से, अध्यात्म, ब्रह्म क्या कर्म है।
अधिभूत कहते हैं किसे, अधिदैव का क्या मर्म है।।

अधियज्ञः कथं कोऽत्र देहेऽस्मिन्मधुसूदन।
प्रयाणकाले च कथं ज्ञेयोऽसि नियातात्मभिः।।2।।

हे कृष्ण क्या अधियज्ञ है, कैसे शरीर में रहता है।
ध्यान आप में युक्तचित्त का, कैसे अन्त में रहता है।।

श्री कृष्ण अर्जुन से बोले

अक्षरं ब्रह्म परमं स्वभावोऽध्यात्ममुच्यते।
भूतभावोद्भवकरो विसर्गः कर्मसञ्ज्ञितः।।3।।

जीवात्म ही अध्यात्म है, अक्षर परम ही ब्रह्म है।
सब भाव जिससे जन्म लें, उसे त्यागना ही कर्म है।।

अधिभूतं क्षरो भावः पुरुषश्चाधिदैवतम्।
अधियज्ञोऽहमेवात्र देहे देहभृतां वर।।4।।

जन्मते और मरते, धर्म के सब पदार्थ है अधिभूत
अन्तर्यामी रुप में, अधियज्ञ है मेरा स्वरूप।।

अन्तकाले च मामेव स्मरन्मुक्त्वा कलेवरम्।
यः प्रयाति स मद्भावं याति नास्त्यत्र संशयः।।5।।

मेरा ही सुमिरन कर के त्यागता, अन्त में जो शरीर को।
संशय नहीं इस में, वो पा लेता है मेरे स्वरूप को।।

यं यं वापि स्मरन्भावं त्यजत्यन्ते कलेवरम्।
तं तमेवैति कौन्तेय सदा तद्भावभवितः।।6।।

अन्त में जिस भाव से, जन त्यागता है शरीर को।
उस भाव को लेकर वो पाता, भाव रूपी शरीर को।।

तस्मात्सर्वेषु कालेषु मामनुस्मर युध्य च।
मय्यर्पितमनोबुद्धिर्मामेवैष्यस्यसंशयम्।।7।।

हे पार्थ तू हर समय में, मुझे याद कर और युद्ध कर।
निश्चित मुझे ही पायेगा, मन बुद्धि को अर्पण तू कर।।

अभ्यासयोगयुक्तेन चेतसा नान्यगामिना।
परमं पुरुषं दिव्यं याति पार्थानुचिन्तयन्।।8।।

यह नियम पार्थ है, ध्यान परमेश्वर के योग से युक्त जो।
चिन्तन सदा कर पाता है, मेरे परम पद दिव्य को।।

कविं पुराणमनुशासितारमणोरणीयांसमनुस्मरेद्यः।
सर्वस्य धातारमचिन्त्यरूपमादित्यवर्णं तमसः परस्तात्।।9।।

सुमिरन जो करता पुरूष है बस एक उस भगवान का।
सर्वज्ञ वो अति सूक्ष्म है और ज्ञान सूर्य महान को।।

प्रयाणकाले मनसाचलेन भक्त्या युक्तो योगबलेन चैव।
भ्रुवोर्मध्ये प्राणमावेश्य सम्यक्स तं परं पुरुषमुपैति दिव्यम्।।10।।

भक्ति से युक्त पुरूष जो माथे में ध्यान अपना लगाता है।
वो योग निश्छल से मेरे दिव्य रूप को पाता है।।

यदक्षरं वेदविदो वदन्ति विशन्ति यद्यतयो वीतरागाः।
यदिच्छन्तो ब्रह्मचर्यं चरन्ति तत्ते पदं सङ्ग्रहेण प्रवक्ष्ये।।11।।

जो वेद के ज्ञाता हैं कहते ईश ही अविनाशी है।
जो ब्रह्मचर्य को पालता, वो महात्मा सन्यासी है।।

सर्वद्वाराणि संयम्य मनो हृदि निरुध्य च।
मूर्ध्न्याधायात्मनः प्राणमास्थितो योगधारणाम्।।12।।

सब इन्द्रियाँ मन रोक, मस्तक में जो प्राण लगाता है।
कर बन्द आखें योगी, योग की साधना कर पाता है।।

ओमित्येकाक्षरं ब्रह्म व्याहरन्मामनुस्मरन्।
यः प्रयाति त्यजन्हेहं स याति परमां गतिम्।।13।।

ॐ अक्षर ब्रह्म का कर ध्यान, तन जो छोड़ता।
वह पुरुष पाता परमगति, नाता जो मुझसे जोड़ता।।

अनन्यचेताः सततं यो मां स्मरति नित्यशः।
तस्याहं सुलभः पार्थ नित्ययुक्तस्य योगिनः।।14।।

अर्जुन जो जन हो अनन्य चित्त से, मेरा सुमिरन करता है।
बड़ी सरलता से योगी वो, सदा प्राप्त मुझको करता है।

मामुपेत्य पुनर्जन्म दुःखालयमशाश्वतम्।
नाप्नुवति महात्मानः संसिद्धिं परमां गताः।।15।।

जो भी महात्मा परम सिद्धि को प्राप्त कर मुझे पाते हैं।
दुःखो के घर, क्षण भर के जीवन, में न फिर वो आते हैं।।

आब्रह्मभुवनाल्लोकाः पुनरावर्तिनोऽर्जुन।
मामुपेत्य तु कौन्तेय पुनर्जन्म न विद्यते।।16।।

ब्रह्म में लोक में जा के अर्जुन जन्म सब जन पाते हैं।
पर पा गये जो मुझको वो, नहीं मृत्यु लोक में आते हैं।।

सहस्त्रयुगपर्यन्तमहर्यद्ब्रह्मणो विदुः।
रात्रिं युगसहस्त्रान्तां तेऽहोरात्रविदो जनाः।।17।।

है एक दिन और रात ब्रह्मा की हजारों युग बड़ी।
योगी जन ही तत्व से जानें समय की वो घड़ी।।

अव्यक्ताद्व्यक्तयः सर्वाः प्रभवन्त्यहरागमे।
रात्र्यागमे प्रलीयन्ते तत्रैवाव्यक्तसञ्ज्ञके।।18।।

जग के सारे प्राणी, ब्रह्मा के दिन में जग में आते हैं।
फिर रात होते ही सभी, वो ब्रह्म में समा जाते हैं।।

भूतग्रामः स एवायं भूत्वा भूत्वा प्रलीयते।
रात्र्यागमेऽवशः पार्थ प्रभवत्यहरागमे।।19।।

वश में प्रकृति के हो के अर्जुन, प्राणी जग में आते हैं।
फिर रात को उसमें ही फिर से, लीन सब हो जाते हैं।।

परस्तस्मात्तु भावोऽन्योऽव्यक्तोऽव्यक्तात्सनातनः।
यः स सर्वेषु भूतेष नश्यत्सु न विनश्यति।।20।।

एक ही सबसे निराला, भाव वो अव्यक्त है।
वो दिव्य भाव है सनातन होता नहीं जो नष्ट है।।

अव्यक्तोऽक्षर इत्युक्तस्तमाहुः परमां गतिम्।
यं प्राप्य न निवर्तन्ते तद्धाम परमं मम।।21।।

अव्यक्त अक्षर भाव का ही, परमगति भी नाम है।
वापस जहाँ से न आते जन, मेरा परम वहीं धाम है।।

पुरुषः स परः पार्थ भक्त्या लभ्यस्त्वनन्यया।
यस्यान्तःस्थानि भूतानि येन सर्वमिदं ततम्।।22।।

परमात्मा ही सनातन सारे जगत में व्याप्त है।
केवल अनन्य ही भक्ति भाव हो, तब वो उसको प्राप्त है।।

यत्र काले त्वनावृत्तिमावृत्तिं चैव योगिनः।
प्रयाता यान्ति तं कालं वक्ष्यामि भरतर्षभ।।23।।

अर्जुन सुनो जिस समय में, जन त्याग तन फिर आते हैं।
या योगी तन का त्याग कर, फिर लौट कर नहीं आते हैं।।

अग्निर्ज्योतिरहः शुक्लः षण्मासा उत्तरायणम्।
तत्र प्रयाता गच्छन्ति ब्रह्म ब्रह्मविदो जनाः।।24।।

मास छः हैं उत्तरायण, शुक्ल पक्ष के ज्योतिर्मय।
उस काल में मरते जो जन, हो जाते वो सब ब्रह्ममय।।

धूमो रात्रिस्तथा कृष्णः षण्मासा दक्षिणायनम्।
तत्र चान्द्रमसं ज्योतिर्योगी प्राप्य निवर्तते।।25।।

तन त्यागते जो कृष्ण पक्ष के दक्षिणायन मास में।
फिर जन्म लेते कर्म के, सुख भोग स्वर्ग के वास में॥

शुल्ककृष्णे गती ह्येते जगतः शाश्वते मते।
एकया यात्यनावृत्तिमन्ययावर्तते पुनः॥26॥

ये कृष्ण पक्ष व शुक्ल पक्ष हैं, मार्ग प्राणों के जाने के।
शुक्ल पक्ष में मोक्ष, कृष्ण में फिर से जग में आने के॥

नैते सृती पार्थ जानन्योगी भवार्जुन कश्चन।
तस्मात्सर्वेषु कालेषु योगयुक्तो भवार्जुन॥27॥

ये मार्ग जान के पार्थ, योगी होता फिर मोहित नहीं ।
मेरी प्राप्ति के साधन में तू, समबुद्धि रखना सब कहीं॥

वेदेषु यज्ञेषु तपःसु चैव दानेषु यत्पुण्यफलं प्रदिष्टम्।
अत्येति तत्ससर्वमिदं विदित्वा योगी परं स्थानमुपैति चाद्यम्॥28॥

फल जो मिलता वेद पढ़ने, यज्ञ तप और दान से।
उस सनातन परम पद को, पाते योगी ज्ञान से।

आठवां अध्याय समाप्त हुआ।

✻

अध्याय नौ

भगवान श्री कृष्ण अर्जुन से बोले

इदं तु ते गुह्यतमं प्रवक्ष्याम्यनसूयवे।

ज्ञानं विज्ञानसहितं यज्ज्ञात्वा मोक्ष्यसेऽशुभात्।।1।।

तू दोष दृष्टि रहित है भक्त, ये गूढ़ ज्ञान जो पायेगा।

जिसे जानकर दुःख रूप ये, संसार तू तर जायेगा।।

राजविद्या राजगुह्यं पवित्रमिदमुत्तमम्।

प्रत्यक्षावगमं धर्म्यं सुसुखं कर्तमव्ययम्।2।।

विज्ञान युक्त ये ज्ञान सब विद्याओं का भी राजा है।

अति गूढ़ और पवित्र, उत्तम फल को देने वाला है।।

अश्रद्दधानाः पुरुषा धर्मस्यास्य परंतप।

अप्राप्य मां निवर्तन्ते मृत्युसंसारवर्त्मनि।।3।

हे पार्थ धर्म में श्रद्धा जो नहीं रखते, मुझको न पाते हैं।

संसार चक्र में मृत्यु रुपी, वो भ्रमण करते जाते हैं।।

मया ततमिदं सर्वं जगदव्यक्तमूर्तिना।

मत्स्थानि सर्वभूतानि न चाहं तिष्वेवस्थितः।।4।।

संकल्प से मेरे ये सारी, सृष्टि का फैलाव है।

जैसे बरफ में जल है, सब में मैं हूँ पर न लगाव है।।

न च मत्स्थति भूतानि पश्य मे योगमैश्वरम्।

भूतभृन्न च भूतस्थो ममात्मा भूतभावनः।।5।।

सब प्राणियों को जन्म देता, मैं पालता हूँ सर्वदा।

मेरी योग ईश्वर शक्ति से ये कार्य होता है सदा।।

यथाकाशस्थितो नित्यं वायुः सर्वत्रगो महान्।

तथा सर्वाणि भूतानि मत्स्थानीत्युपधारय।।6।।

आकाश में सब ओर ही ये वायु जैसे बहती है।

संकल्प से सब प्राणियों की आत्मा मुझमें रहती है।।

सर्वभूतानि कौन्तेय प्रकृतिं यान्ति मामिकाम्।
कल्पक्षये पुनस्तानि कल्पादौ विसृजाम्यहम्।।7।।

श्रृष्टि के आरम्भ में मैं सारे जीवों को रचता हूँ।
फिर अन्त में अपनी प्रकृति में लीन उनको करता हूँ।।

प्रकृतिं स्वामवष्टभ्य विसृजामि पुनः पुनः।
भूतग्राममिमं कृत्स्नमवशं प्रकृतेर्वशात्।।8।।

हो पराधीन स्वभाव के, हर प्राणी जग में आते हैं।
रचता मैं उनकी प्रकृति कर्म से वैसा जन्म वो पाते हैं।।

न च मां तानि कर्माणि निबध्नन्ति धनञ्जय।
उदासीनवदासीनमसक्तं तेषु कर्मसु।।9।।

अर्जुन ये सारे कार्य मैं आसक्ति के बिना करता हूँ।
बिना पक्षपात के कर्म करने से नहीं मैं बँधता हूँ।।

मयाध्यक्षेण प्रकृतिः सूयते सचराचरम्।
हेतुनानेन कौन्तेय जगद्विपरिवर्तते।।10।।

अपने विधान से जगत और प्रकृति को मैं रचता हूँ।
संसार चक्र जो घूमता वो कार्य मैं ही करता हूँ।।

अवजानन्ति मां मूढा मानुषीं तनुमाश्रितम्।
परं भावमजानन्तो मम भूतमहेश्वरम्।।11।।

नर-रुप में अवतार मेरा तुच्छ समझें, मूर्ख जन।
मैं सबका ईश, जगत के हित आया, नहीं करते मनन।।

मोघाशा मोघकर्माणो मोघज्ञाना विचेतसः।
राक्षसीमासुरीं चैव प्रकृतिं मोहिनीं श्रिताः।।12।।

रहें व्यर्थ आशा ज्ञान, कर्म में मूर्ख और अज्ञानी जन।
आसुरी, राक्षसी और नास्तिक विचारों में लिप्त मन।।

महात्मानस्तु मां पार्थ दैवीं प्रकृतिमाश्रिताः।
भजन्त्यनन्यमनसो ज्ञात्वा भूतादिमव्ययम्।।13।।

दैवी प्रकृति के आसरे, भजते हैं मुझको महात्माजन।
मेरा नाश होता नहीं, अक्षर स्वरुप मैं सनातन।।

सततं कीर्तयन्तो मां यतन्तश्च दृढव्रताः।
नमस्यन्तश्च मां भक्त्या नित्ययुक्ता उपासते।।14।।

मेरे भक्त है दृढ़ निश्चयी मेरी प्राप्ति को मुझे भजते हैं।
हो ध्यान युक्त, अनन्य प्रेम से, वन्दना वो करते हैं।।

ज्ञानयज्ञेन चाप्यन्ये यजन्तो मामुपासते।
एकत्वेन पृथक्त्वेन बहुधा विश्वतोमुखम्।।15।।

कुछ ज्ञान योगी करते, निर्गुण निराकार की वन्दना।
कुछ जन मेरे ही विराट रूप की करते अलग उपासना।।

अहं क्रतुरहं यज्ञः स्वधाहममौषधम्।
मन्त्रोऽहमहमेवाज्यमहमग्निरहं हुतम्।।16।।

मैं यज्ञ हूँ, मैं स्वधा हूँ, क्रतु, मन्त्र, ओषधि सर्वदा।
मैं अग्नि हूँ, घृत हूँ हवन रूपी हूँ मैं सारी क्रिया।।

पिताहमस्य जगतो माता धाता पितामहः।
वेद्यं पवित्रमोङ्काकर ऋक्साम यजरेव च।।17।।

धारक जगत का पितामह, पिता और मैं ही माता हूँ।
ऋग्वेद, साम व यर्जुवेद मैं ॐ और फल दाता हूँ।।

गतिर्भर्ता प्रभुः साक्षी निवासः शरणं सुहृत्।
प्रभवः प्रलयः स्थानं निधानं बीजमव्ययम्।।18।।

पालक मैं स्वामी शुभाशुभ को देखता अविनाशी हूँ।
मैं परमधाम हूँ सबका जन्म मरण शरण दायी भी हूँ।।

तपाम्यहमहं वर्षं निगृह्णाम्युत्सृजामि च।
अमृतं चैव मृत्युश्च सदसच्चाहमर्जुन।।19।।

मैं सूर्य बन के तपाता वर्षा बन के भी मैं आता हूँ।
मैं मृत्यु भी अमृत भी मैं मैं झूठ सच कहलाता हूँ।।

त्रैविद्या मां सोमपाः पूतपापायज्ञैरिष्ट्वा स्वर्गतिं प्रार्थयन्ते।
ते पुण्यमासाद्य सुरेन्द्रलोकमश्नन्ति दिव्यान्दिवि देवभोगान्।।20।।

वेदों में वर्णित कामना प्रिय जन ही स्वर्ग में आते हैं।
वे अपने पुण्य प्रभाव से देवों के भोग को पाते हैं।।

ते तं भुक्तवा स्वर्गलोकं विशालंक्षीणे पुण्ये मर्त्यलोकं विशन्ति।
एवं त्रयीधर्ममनुप्रपन्नागतागतं कामकामा लभन्ते।।21।।

फिर स्वर्ग लोक में पुण्य क्षीण हों मृत्यु लोक में आते हैं।
सब कामना से कर्म करने वाले आते जाते हैं।।

अनन्याश्चिन्तयन्तो मां ये जनाः पर्युपासते।
तेषां नित्याभियुक्तानां योगक्षेमं वहाम्यहम्।।22।।

जो भक्त जन मेरा ही चिन्तन नित निरन्तर करते हैं।
निष्काम भाव से भजते जो मेरे योग क्षेम में रहते हैं।।

येऽप्यन्यदेवता भक्ता यजन्ते श्रद्धयान्विताः।
तेऽपि मामेव कौन्तेय यजन्त्यविधिपूर्वकम्।।23।।

फल की इच्छा से भक्त, दूसरे देवताओं को पूजते।
अज्ञान वश, विधि हीन पर, श्रद्धा से मुझको ही पूजते।।

अहं हि सर्वयज्ञानां भोक्ता च प्रभुरेव च।
न तु मामभिजानन्ति तत्वेनातश्च्यवन्ति ते।।24।।

मुझे सारे यज्ञों का भोक्ता और स्वामी जो नहीं जानते।
लेते वो दूसरा जन्म, तत्व से ईश जो नहीं मानते।।

यान्ति देवव्रता देवान्पितृन्यान्ति पितृव्रताः।
भूतानि यान्ति भूतेज्या यान्ति मद्याजिनोऽपि माम्।।25।।

जो देव, पितृ, व भूत पूजन करते उनको पाते हैं।
मेरे भक्त मुझको पूजते, वो जन्म फिर नहीं पाते हैं।।

पत्रं पुष्पं फलं तोयं यो मे भक्त्या प्रयच्छति।
तदहं भक्त्युपहृतमश्नामि प्रयतात्मनः।।26।।

जो भक्त प्रेम से पत्र, फल, जल, फूल अर्पण करते हैं।
मैं प्रीति पूर्वक खाता हूँ, निष्काम भाव जो रखते हैं।।

यत्करोषि यदश्नासि यज्जुहोषि ददसि यत्।
यत्तपस्यसि कौन्तेय तत्कुरुष्व मदर्पणम्।।27।।

इस लिये अर्जुन हवन तप दान कोई भी कर्म कर।
जो कुछ भी खाता है उसे, पहले मुझे अर्पण तू कर।।

शुभाशुभफलैरेवं मोक्ष्यसे कर्मबन्धनैः।
संन्यासयोगयुक्तात्मा विमुक्तो मामुपैष्यसि।।28।।

सब कर्म अर्पण करके तू फिर युक्त चित्त हो जायेगा।
शुभ या अशुभ फल कर्म बन्धन, मुक्त हो मुझे पायेगा।

समोऽहं सर्वभूतेषु न मे द्वेष्योऽस्ति न प्रियः।
ये भजन्ति तु मां भक्तया मयि ते तेषु चाप्यहम्।।29।।

मेरा ना कोई प्रिय व अप्रिय, सर्वत्र मैं ही समाया हूँ।
पर भक्त प्रेम से भजते जो, उनमें प्रकट हो पाया हूँ।।

अपि चेत्सुदुराचारो भजते मामनन्यभाक्।
साधुरेव स मन्तव्यः सम्यग्व्यसितो हि सः।।30।।

यदि दुष्ट भी जो अनन्य भाव से भक्त होकर भज रहा।
वह साधु है दृण निश्चयी, मेरा ही सुमिरन कर रहा।।

क्षिप्रं भवति धर्मात्मा शश्वच्छान्तिं निगच्छति।
कौन्तेय प्रतिजानीहि न मे भक्तः प्रणश्यति।।31।।

वह शीघ्र ही धर्मात्मा हो, परम शान्ति को पाता है।
ये सच है अर्जुन भक्त मेरा, नष्ट नहीं हो पाता है।।

मां हि पार्थ व्यपाश्रित्य येऽपि स्युः पापयोनयः।
स्त्रियो वैश्यास्तथा शूद्रास्तेऽपि यान्ति परां गतिम्।।32।।

नारी, वैश्य या शूद्र या चाण्डाल कोई प्राणी हो।
मेरी शरण में आके ही सब परमगति कल्याणी हो।।

किं पुनर्ब्राह्मणः पुण्या भक्ता राजर्षयस्तथा।
अनित्यमसुखं लोकमिमं प्राप्य भजस्व माम्।।33।।

राजर्षि, ब्राम्हण, पुण्यशील व भक्त पाते परम गति।
सुख रहित नश्वर देह पा, लगा भजन में तू अपनी मति।।

मन्मना भव मद्भक्तो मद्याजी मां नमस्कुरु।
मामेवैष्यसि युक्त्वैवमात्मानं मत्परायणः।।34।।

मुझमें लगा मन भक्त बन, मेरी पूजा करते जायेगा।
आत्मा लगा मुझमें मुझे फिर प्राप्त तू कर पायेगा।।

नवां अध्याय समाप्त हुआ।

अध्याय दस

भगवान श्री कृष्ण बोले

भूय एव महाबाहो श्रृणु मे परमं वचः।
यत्तेऽहं प्रीयमाणाय वक्ष्यामि हितकाम्यया।।1।।

अति प्रिय मुझे अर्जुन तुझे, मैं बात हित की बताऊँगा।
फिर ये रहस्य प्रभावशाली बातें किसको सुनाऊँगा।।

न मे विदुः सुरगणाः प्रभवं न महर्षयः।
अहमादिर्हि देवानां महर्षीणां च सर्वशः।।2।।

मेरे जन्म को नहीं देवता, न महर्षिजन ही जानते।
मैं जन्मदाता उनका हूँ, ये भी नहीं पहचानते।।

यो मामजमनादिं च वेत्ति लोकमहेश्वरम्।
असम्मूढः स मर्त्येषु सर्वपापैः प्रमुच्यते।।3।।

मुझको अजन्मा सबका स्वामी, जन जो जान ये जायेगा।
वो ज्ञानवान समस्त पापों से मुक्त तब हो जायेगा।।

बुद्धिर्ज्ञानमसम्मोहः क्षमा सत्यं दमः शमः।
सुखं दुःखं भवोऽभावो भयं चाभयमेव च।।4।।

सब भाव मुझसे प्रकट हैं, निश्चय, शक्ति, ज्ञान व मूर्खता।
सत्य, इन्द्रियाँ वश में, और क्षमा करने की भी योग्यता।।

अहिंसा समता तुष्टिस्तपो दानं यशोऽयशः।
भवन्ति भावा भूतानां मत्त एव पृथग्विधाः।।5।।

भय, अभय, सुख, दुःख, अहिंसा, लय, प्रलय, मन, वश में हो।
कीर्ति या अपकीर्ति, समता दान तप सन्तोष हो।।

महर्षयः सप्त पूर्वे चत्वारो मनवस्तथा।
मद्भावा मानसा जाता येषां लोक इमाः प्रजाः।।6।।

सनकादि स्वायम्भुव, मनु और सात महर्षिजन।
ये सब मेरे संकल्प से जन्मे, और फिर जगत जन।।

एतां विभूति योगं च मम यो वेत्ति तत्वतः।
सोऽविकम्पेन योगेन युज्यते नात्र संशयः।।7।।

जो जन मेरे एश्वर्य रूप विभूति, योग को जानता।
निश्चय वो मेरी भक्ति योग से युक्त है मैं मानता।।

अहं सर्वस्य प्रभवो मत्तः सर्वं प्रवर्तते।
इति मत्वा भजन्ते मां बुधा भावसमन्विताः।।8।।

मैं वासुदेव हूँ मुझसे जग ले जन्म करते कार्य सब।
ये जान श्रद्धाभक्ति से मेरे भक्त मुझको भजते तब।।

मच्चित्ता मद्‌गतप्राणा बोधयन्तः परस्परम्।
कथयन्तश्च मां नित्यं तुष्यन्ति च रमन्ति च।।9।।

मुझ में लगा मन प्राण, और गुणगान करते भक्त हैं।
मुझ वासुदेव में सर्वदा, संतुष्ट और आसक्त हैं।।

तेषां सततयुक्तानां भजतां प्रीतिपूर्वकम्।
ददामि बुद्धियोगं तं येन मामुपयान्ति ते।।10।।

नित ध्यान करते, प्रेम से मेरे भक्त मुझको भजते हैं।
मैं ज्ञान उनको देता जिससे, प्राप्त वो मुझे करते हैं।।

तेषामेवानुकम्पार्थमहमज्ञानजं तमः।
नाशयाम्यात्मभावस्थो ज्ञानदीपेन भास्वता।।11।।

अर्जुन हृदय में उनके आ, उन पर कृपा वरसाता हूँ।
फिर अन्धकार को दूर कर, मैं ज्ञान दीप जलाता हूँ।।

तब अर्जुन ने श्री कृष्ण से कहा

परं ब्रह्म परं धाम पवित्रं परं भवान्।
पुरुषं शाश्वतं दिव्यमादिदेवमजं विभुम्।।12।।

पर ब्रम्ह, परम पवित्र, प्रभु, आप ही हैं परम धाम।
ऋषिगण भी कहते, सनातन हैं आपका सर्वत्र धाम।।

आहुस्त्वामृषय: सर्वे देवर्षिर्नारदस्तथा।

असितो देवलो व्यास: स्वयं चैव ब्रवीषि मे।।13।

देवर्षि नारद, असित, देवल, ऋषि, महर्षि व्यास भी।
यही कहते रहते सदा जो, कहते हैं मुझसे आप भी।।

सर्वमेतदृतं मन्ये यन्मां वदसि केशव।

न हि ते भगवन्व्यक्तिं विदुर्देवा न दानव:।।14।।

केशव ये सत्य मैं मानता, जो भी कहा है आपने।
पर लीला मय इस रूप को नहीं, देव दानव जानते।।

स्वयमेवात्मनात्मानं वेत्थ त्वं पुरुषोत्तम।

भूतभावन भूतेश देवदेव जगत्पते।।15।।

हे प्राणियों के ईश, पुरूषोत्तम जगत के रचयिता।
देवों के देव हैं आप, निज को जानें, कोई न जानता।

वक्तुमर्हस्यशेषेण दिव्या ह्यात्मविभूतय:।

याभिर्विभूतिभिर्लोकानिमांस्त्वं व्याप्य तिष्ठसि।।16।।

जिन अपनी दिव्य विभूतियों से व्याप्त हो संसार में।
बस आप बतला सकते हैं, केवल उन्हें विस्तार में।।

कथं विद्यामहं योगिस्त्वां सदा परिचिन्तयन्।

केषु केषु च भावेषु चिन्त्योऽसि भगवन्मया।।17।।

चिन्तन मैं नित करते हुए, भगवान कैसे जान लूँ।
योगेश किन भावो में रहते आप, मैं पहचान लूँ।।

विस्तरेणात्मनो योगं विभूतिं च जनार्दन।

भूय: कथय तृप्तिर्हि शृण्वतो नास्ति मेऽमृतम्।।18

हे जनार्दन योग शक्ति, विभूति कहें विस्तार से।
नहीं तृप्ति होती सुन के आपके, वचन अमृत धार से।।

भगवान श्री कृष्ण बोले

हन्त ते कथयिष्यामि दिव्या ह्यात्मविभूतयः।
प्राधान्यतः कुरुश्रेष्ठ नास्यन्तो विस्तरस्य मे।।19।।

भगवान बोले पार्थ, दिव्य विभूतियाँ मेरी जान लो।
नहीं अन्त उनका मुख्य रूपों में मुझे पहचान लो।।

अहमात्मा गुडाकेश सर्वभूताशयास्थितः।
अहमादिश्च मध्यं च भूतानामन्त एव च।।20।।

अर्जुन में सबके हृदय में, आत्मा हूँ ये पहचान लो।
आरम्भ सारे प्राणियों का, अन्त, मध्य हूँ जान लो।।

आदित्यानामहं विष्णुर्ज्योतिषां रविरंशुमान्।
मरीचिर्मरुतामस्मि नक्षत्रणामहं शशी।।21।।

मैं अदिति पुत्रों में विष्णु और मैं ज्योतियों में सूर्य हूँ।
मैं वायु देव का तेज, और नक्षत्रों में मैं चन्द्र हूँ।।

वेदानां सामवेदोऽस्मि देवानामस्मि वासवः।
इन्द्रियाणां मनश्चास्मि भूतानामस्मि चेतना।।22।।

मैं वेदों में हूँ साम वेद, इन्द्र सब देवों में हूँ।
मैं इन्द्रियों में मन, व शक्ति सारे प्राणियों में हूँ।।

रुद्राणां शङ्करश्चास्मि वित्तेशो यक्षरक्षसाम्।
वसूनां पावकश्चास्मि मेरुः शिखरिणामहम्।।23।।

रुद्रों में शंकर हूँ, व राक्षस, यक्षों में मैं कुबेर हूँ।
मैं आग सब वसुओं में सारे, पर्वतों में सुमेर हूँ।।

पुरोधसां च मुख्यं मां विद्धि पार्थ बृहस्पतिम्।
सेनानीनामहं स्कन्दः सरसामास्मि सागरः।।24।।

मैं बृहस्पति हूँ पुरोहितों में, हे पार्थ मुझको जान लो।
स्कन्द सेनापतियों में, जलाशयों में सागर मान लो।।

महर्षीणां भृगुरहं गिरामस्म्येकमक्षरम्।
यज्ञानां जपयज्ञोऽस्मि स्थावराणां हिमालयः।।25।।

ऋषियों में भृगु, और शब्दो में मैं सदा ओंकार हूँ।
यज्ञों में जप हूँ, पर्वतों में हिमालय मैं अपार हूँ।।

अश्वत्थः सर्ववृक्षाणां देवर्षीणां च नारदः।
गन्धर्वाणां चित्ररथः सिद्धानां कपिलो मुनिः।।26।।

सब वृक्षों में पीपल हूँ नारद देव ऋषियों में जान लो।
गंधर्वो में हूँ चित्ररथ, मुनि कपिल सिद्धों में मान लो।।

उच्चैःश्रवसमश्वानां विद्धि माममृतोद्भवम्।
ऐरावतं गजेन्द्राणां नराणां च नराधिपम्।।27।।

अमृत के साथ जो जन्मा, उच्चे श्रवा वो घोड़ा भी हूँ।
राजा मनुष्यों में, हाथियों में मैं ही ऐरावत भी हूँ।।

आयुधानामहं वज्रं धेनूनाममास्मि कामधुक्।
प्रजनश्चास्मि कन्दर्पः सर्पाणामस्मि वासुकिः।।28।।

शस्त्रों में वज्र हूँ, और गायों में कामधेनु गाय हूँ।
साँपों में राजा वासुकि, सन्तान जन्म का काम हूँ।।

अनन्तश्चास्मि नागानां वरुणो यादसामहम्।
पितृणामर्यमा चास्मि यमः संयमतामहम्।।29।।

मैं शेषनाग हूँ नागों में, मैं जलचरों में वरूण हूँ।
पितरों में मैं हूँ अर्यमा, और शासकों में यम ही हूँ।।

प्रह्लादश्चास्मि दैत्यानां कालः कलयतामहम्।
मृगणां च मृगेन्द्रोऽहं वैनतेयश्च पक्षिणाम्।।30।।

मैं दैत्यों में प्रह्लाद हूँ, और गणना में मैं समय हूँ।
पशुओं में सिंह हूँ, और सारे पक्षियों में गरुड़ हूँ।।

पवनः पवतामस्मि रामः शस्त्रभृतामहम्।
झषाणां मकरश्चास्मि स्त्रोतसामस्मि जाह्नवी।।31।।

मैं पवित्र करने में वायु, शस्त्रधारियों में राम हूँ।
मैं मछलियों में मगर हूँ, नदियों में गंगा नाम हूँ।।

सर्गाणामादिरन्तश्च मध्यं चैवाहमर्जुन।
अध्यात्माविद्या विद्यानां वादः प्रवदतामहम्।।32।।

अर्जुन मैं सारी सृष्टियों का आदि मध्य व अन्त हूँ।
विद्याओं में अध्यात्म विद्या, तर्क शास्त्रियों में सत्य हूँ।।

अक्षराणामकारोऽस्मि द्वन्द्वः सामासिकस्य च।
अहमेवाक्षयः कालो धाताहं विश्वतोमुखः।।33।।

मैं समासो में दृन्द और अक्षर में मैं आकार हूँ।
मैं महाकाल, विराट मुख, मैं ही सबका पालन हार हूँ।।

मृत्युः सर्वहरश्चाहमुद्भवश्च भविष्यताम।
कीर्तिः श्रीर्वाक्च नारीणां स्मृतिर्मेधा धृतिःक्षमा।।34।।

मैं नारियों में क्षमा, वाक, श्री मेघा, स्मृति, धृति कीर्ति हूँ।
मैं ही प्राणियों का नाश एवं जगत की उतपत्ति हूँ।।

बृहत्सास तथा साम्नां गायत्री छन्दसामहम्।
मासानां मार्गशीर्षोऽहमृतूनां कुसुमाकरः।।35।।

मैं बृहत्साम हूँ श्रुतियों में, छन्दों में हूँ गायत्री छन्द।
सब महीनों में हूँ मार्ग शीर्ष, और ऋतुओं में वसन्त।।

द्यूतं छलयतामस्मि तेजस्तेजस्विनामहम्।
जयोऽस्मि व्यवसायोऽस्मि सत्त्वं सत्त्ववतामहम्।।36।।

मैं छलियों में हूँ जुआ, प्रभावी व्यक्ति का मैं प्रभाव हूँ।
निश्चय हूँ, मैं ही विजय भी, और मैं ही सात्विक भाव हूँ।।

वृष्णीनां वासुदेवोऽस्मि पाण्डवानां धनञ्जयः।
मुनीनामप्यहं व्यासः कवीनामुशना कविः॥37॥

मैं वृष्णि वंश में कृष्ण हूँ, और पाण्डवों में पार्थ हूँ।
कवियों में शुक्राचार्य, मुनियों में वेद व्यास यथार्थ हूँ॥

दण्डो दमयतामस्मि नीतिरस्मि जिगीषताम्।
मौनं चैवास्मि गुह्यानां ज्ञानं ज्ञानवतामहम्॥38॥

मैं शासकों की दण्ड शक्ति, विजय में उत्तम नीति हूँ।
मैं गूढ़ भावों में मौन, और तत्व ज्ञान का में ही हूँ॥

यच्चापि सर्वभूतानां बीजं तदहमर्जुन।
न तदस्ति विना यत्स्यान्मया भूतं चराचरम्॥39॥

अर्जुन मैं सारे प्राणियों का मूल हूँ संसार में।
जड़ व चेतन बिन मेरे, कुछ भी नहीं व्यवहार में॥

नान्तोऽस्ति मम दिव्यानां विभूतीनां परन्तप।
एष तूद्देशतः प्रोक्तो विभूतेर्विस्तरो मया॥40॥

अर्जुन ये मेरी विभूतियाँ, सब दिव्य अपरम्पार हैं।
संक्षेप में बतला दिया, जो रूप और आकार हैं॥

यद्यद्विभूतिमत्सत्त्वं श्रीमदूर्जितमेव वा।
तत्तदेवावगच्छ त्वं मम तेजोंऽशसम्भवम्॥41॥

जो जो विभूति शक्ति और ऐश्वर्य तेज से युक्त है।
वो मेरे तेज के अंश से, अर्जुन ये समझो युक्त है॥

अथवा बहुनैतेन किं ज्ञातेन तवार्जुन।
विष्टभ्याहमिदं कृत्स्नमेकांशेन स्थितो जगत्॥42॥

अर्जुन बहुत का जानना ये जग मेरा उपजाया है।
अंश भर निज योग शक्ति से मैंने इसको रचाया है॥

दसवां अध्याय समाप्त हुआ।

❊

अध्याय ग्यारह

अर्जुन भगवान श्री कृष्ण से बोले

मदनुग्रहाय परमं गुह्यमध्यात्मसञ्ज्ञितम्।
यत्त्वयोक्तं वचस्तेन मोहोऽयं विगतो मम।।

मुझपर कृपा करके जो आपने दे दिया ये ज्ञान है।
उपदेश सुनकर हो गया, अब नष्ट ये अज्ञान है।।

भवाप्ययौ हि भूतानां श्रुतौ विस्तरशो मया।
त्वत्तः कमलपत्राक्ष माहात्म्यमपि चाव्ययम्।।2।।

हे कृष्ण सारे प्राणियों का सुन लिया आवागमन।
आप अविनाशी की महिमा का किया मैंने श्रवण।।

एवमेतद्यथात्थ त्वमात्मानं परमेश्वर।
द्रष्टुमिच्छामि ते रूपमैश्वरं पुरुषोत्तम।।3।।

आप कहते ठीक हैं, दिखलादो मुझको रूप वो।
वल वीर्य शक्ति तेज ज्ञान ऐश्वर्यशाली स्वरूप को।।

मन्यसे यदि तच्छक्यं मया द्रष्टुमिति प्रभो।
योगेश्वर ततो मे त्वं दर्शयात्मानमव्ययम्।।4।।

मैं योग्य हूँ तो हे प्रभु, करूणा कृपा बरसाईये।
योगेश अविनाशी वो अपने रूप को दिखलाइये।।

भगवान श्री कृष्ण बोले

प्श्य मे पार्थ रूपाणि शतशोऽथ सहस्त्रशः।
नानाविधानि दिव्यानि नानावर्णाकृतीनि च।।5।।

भगवान बोले पार्थ मेरे रूप, नाना प्रकार के।
तू देखले सब हजारों, मेरे रूप कई आकार के।।

पश्यादित्यान्वसून्रुद्रानश्विनौ मरुतस्तथा।

बहून्यदृष्टपूर्वाणि पश्याश्चर्याणि भारत।।6।।

हे पार्थ मुझमें अदिति पुत्रों, रूद्र, वसुओं को देखले।

अश्विनी कुमार मरुदगणों, देखा ना जो अब देखले।।

इहैकस्थं जगत्कृत्स्नं पश्याद्य सचराचरम्।

मम देहे गुडाकेश यच्चान्यद्द्रष्टुमिच्छसि।।7।।

अर्जुन तू मेरे शरीर में संसार सारा देखले।

जो और चाहे देखना इसमें बराबर देखले।।

न तु मां शक्यसे द्रष्टुमनेनैव स्वचक्षुषा।

दिव्यं ददामि ते चक्षु: पश्य मे योगमैश्वरम्।।8।।

लेकिन तू इन आँखों से, मुझको देख सकता है नहीं।

ले दिव्य दृष्टि देखले, मेरी योग्य शक्ति को सभी।।

संजय ने राजा धृतराष्ट्र जी से कहा

एवमुक्त्वा ततो राजन्महायोगेश्वरो हरि:।

दर्शयामास पार्थाय परमं रूपमैश्वरम्।।9।।

जो नष्ट करते पाप सब, महायोगेश्वर भगवान ने।

दर्शन दिये अर्जुन को अपने दिव्य, कृपा निधान ने।।

अनेकवक्त्रनयनमनेकाद्भुतदर्शनम्।

अनेकदिव्याभरणं दिव्यानेकोद्यतायुधम्।।10।।

कई मुख व आँखों से युक्त अद्भुत, दिव्य गहनों से युक्त जो

हाथों में शस्त्रों को लिये, और दिव्य वस्त्रों से युक्त जो।।

दिव्यमाल्याम्बरधरंदिव्यगन्धानुलेपनम् ।

सर्वाश्चर्यमयं देवमनन्तं विश्वतोमुखम्।।11।।

सीमा रहित सारे शरीर में दिव्य, गन्ध से युक्त जो।

अर्जुन ने देखा उस विराट स्वरूप के प्रारूप को।।

दिवि सूर्यसहस्त्रस्य भवेद्युगपदुत्थिता।
यदि भाः सदृशी सा स्याद्भासस्तस्य महात्मनः।।12।।

आकाश में जैसे हजारों सूर्य मिलके चमके हैं।
उससे अधिक परमात्मा हो के प्रकाशित दमके हैं।।

तत्रैकस्थं जगत्कृत्स्नं प्रविभक्तमनेकधा।
अपश्यद्देवदेवस्य शरीरे पाण्डवस्तदा।।13।।

संसार सारा एक जगह अर्जुन को तब दिख पाया है।
श्री कृष्ण देवो के देव के ही शरीर में वो समाया है।।

ततः स विस्मयाविष्टो हृष्टरोमा धनञ्जयः।
प्रणम्य शिरसा देवं कृताञ्जलिरभाषत।।14।।

श्रद्धा से तेज स्वरूप की वो वन्दना करने लगे।
आश्चर्य से पुलकित हो अर्जुन कृष्ण से कहने लगे।।

अर्जुन ने भगवान श्री कृष्ण से कहा

पश्यामि देवांस्तव देव देहे सर्वास्तथा भूतिविशेषङ्घान्।
ब्रह्माणमीशं कमलासनस्थमृषींश्च सर्वानुरगांश्च दिव्यान्।।15।।

भगवन तुम्हारे शरीर में सब प्राणियों का निवास है।
ऋषि देव ब्रह्मा, महादेव व दिव्य सर्पों का वास है।।

अनेकबाहूदरवक्त्र नेत्रंपश्यामि त्वां सर्वतोऽनन्तरूपम्।
नान्तं न मध्यं न पुनस्तवादिपश्यामि विश्वेश्वर विश्वरूप।।16।।

हे विश्व स्वामी आपके अंगो का आदि न अन्त है।
कई हाथ पेट व आँख मुख सब ओर फैला अनन्त है।।

किरीटिनं गदिनं चक्रिणं च तेजोरशिं सर्वतो दीप्तिमन्तम्।
पश्यामि त्वांदुर्निरीक्ष्यंसमन्ताद्दीप्तानलार्कद्युतिमप्रयेम्।।17।।

आप पहने मुकुट, चक्र, गदा से तेज से युक्त है।
तेज सूर्य से अधिक जो नहीं आँखों के उपयुक्त है।।

त्वमक्षरं परमं वेदितव्यंत्वमस्य विश्वस्य परं निधानम्।
त्वमव्ययः शाश्वतधर्मगोप्ता सनातनस्त्वं पुरुषो मतो मे।।18।।

आप आश्रय जगत के पर ब्रह्म घट-घट वासी हो।
हो धर्म के रक्षक सनानत पुरुष और अविनाशी हो।।

अनादिमध्यान्तमनन्तवीर्यमनन्तबाहुंशशिसूर्यनेत्रम्।
पश्यामि त्वां दीप्तहुताशवक्त्रंस्वतेजसा विश्वमिदं तपन्तम्।।19।।

शुरू, बीच रहित हैं अन्त के, शक्तिशाली अनन्त हैं।
शशि, सूर्य नेत्र मुखाग्नि से करते जगत संतप्त हैं।।

द्यावापृथिव्योरिदमन्तरं हि व्याप्तं त्वयैकेन दिशश्च सर्वाः।
दृष्ट्वाद्भुतं रूपमुग्रं तवेदंलोकत्रयं प्रव्यथितं महात्मन्।।20।।

आकाश, धरती स्वर्ग और सारी दिशाओं में छा रहे।
प्रभु इस अलौकिक, उग्र रूप को देख सब दुःख पा रहे।।

अमी हि त्वां सुरसङ्घा विशन्ति केचिद्भीताः प्राञ्जलयो गृणन्ति।
स्वस्तीत्युक्तवा महर्षिसिद्धसङ्घाः स्तुवन्ति त्वां स्तुतिभिः पुष्कलाभिः।।21।।

देवता भी भय से सारे, आप में ही समा रहे।
सिद्ध और महर्षि भी कल्याण कहते जा रहे।।

रुद्रादित्या वसवो ये च साध्याविश्वेऽश्विनौ मरुतश्चोष्मपाश्च।
गंधर्वयक्षासुरसिद्धसङ्घावीक्षन्ते त्वां विस्मिताश्चैव सर्वे।।22।।

रुद्र, वसु आदित्य, अश्विनी, मरुदगण और पितृ भी।
सिद्ध, राक्षस हो के विस्मित देखते गन्धर्व भी।।

रूपं महत्ते बहुवक्त्रनेत्रंमहाबाहो बहुबाहूरुपादम्।
बहूदरं बहुदांष्ट्राकरालंदृष्ट्वा लोकाः प्रव्यथितास्तथाहम्।।23।।

कई आँख मुख बड़े हाथ, जाँघ व पैर पेट को देखकर।
दाढ़ें महा विकराल, व्याकुल लोग, मैं भी देखकर।।

नभःस्पृशं दीप्तमनेकवर्णव्यात्ताननं दीप्तिविशालनेत्रम्।
दृष्ट्वा हि त्वां प्रव्यथितान्तरामत्मा धृतिं न विन्दामि शमं च विष्णो।।24।।

आकाश तक फैले चमकते, मुख व नैत्रों को देखकर।
भयभीत मन वाला मैं धीरज शान्ति रखूं कैसे पर।।

दंष्ट्राकरालानि च ते मुखानि दृष्ट्वैव कालानलसन्निभानि।
दिशो न जाने ल लभे च शर्म प्रसीद देवेश जगन्निवास।।25।।

विकराल दाढ़ें प्रलय काल की अग्नि के सम है यहाँ।
भूला दिशायें प्रसन्न हों प्रभु, अब मुझे है सुख कहाँ।।

अमी च त्वां धृतराष्ट्रस्य पुत्राः सर्वे सहैवावनिपालसङ्घैः।
भीष्मो द्रोणः सूतपुत्रस्तथासौ सहास्मदीयैरपि योधमुख्यैः।।26।।

घृतराष्ट्र पुत्र व राजा भी, सब आपके मुख में गये।
भीष्म, दोण व कर्ण अपने पक्षधर भी समा गये।।

वक्त्राणि ते त्वरमाणा विशन्ति दंष्ट्राकरालानि भयानकानि।
केचिद्विलग्ना दशनान्तरेषु सन्दृश्यन्ते चूर्णितैरुत्तमाङ्गैः।।27।।

विकराल दाढ़ें है, मुख भयानक वेग से सब जा रहे।
कुछ पिस गये कुछ दाँतों के ही बीच फँसते जा रहे।।

यथा नदीनां बहवोऽम्बुवेगाः समुद्रमेवाभिमुखा द्रवन्ति।
तथा तवामी नरलोकवीराविशन्ति वक्त्राण्यभिविज्वलंति।।28।।

सागर में जैसे नदियों का जल त्रीव गति से जाता है।
आपका प्रज्वलित मुख वीरों को ऐसे समाता है।।

यथा प्रदीप्तं ज्वलनं पतङ्गाविशन्ति नाशाय समृद्धवेगाः।
तथैव नाशाय विशन्ति लोकास्तवापि वक्त्राणि समृद्धवेगाः।।29।।

जैसे पतंगे मोहवश जाते है अग्नि में तेज से।
वैसे ही मुख में आपके जाते सभी जन वेग से।।

लेलिह्यसे ग्रसमानः समन्ताल्लोकान्समग्रान्वदनैर्ज्वलद्भिः।
तेजोभिरापूर्य जगत्समग्रंभासस्तवोग्राः प्रतपन्ति विष्णो।।30।।

खाकर सभी लोगों को प्रभु, बस चाटते ही जा रहे।
इस उग्र तेज प्रकाश से हरि, जग को आप तपा रहे।।

आख्याहि मे को भवानुग्ररुपोनमोऽस्तु ते देववर प्रसीद।
विज्ञातुमिच्छामि भवन्तमाद्यंन हि प्रजानामि तव प्रवृत्तिम्।।31।।

इस उग्र रूप में कौन हैं, प्रभु ये मुझे बतलाइये।
करता नमन में आपको, हरि अब प्रसन्न हो जाइये।।

तब भगवान श्री कृष्ण बोले

कालोऽस्मि लोकक्षयकृत्प्रवृद्धोलोकान्समाहर्तुमिह प्रवृतः।
ऋतेऽपि त्वां न भविष्यन्ति सर्वे येऽवस्थिताः प्रत्यनीकेषु योधाः।।32।।

नाश करने लोकों का, आया मैं बन के महाकाल।
पाण्डव बचेंगे, सब मरेंगे, जान ले तू सारा हाल।।

तस्मात्त्वमुत्तिष्ठ यशो लभस्व जित्वा शत्रून् भुङ्क्ष्व राज्यं समृद्धम्।
मयैवैते निहताः पूर्वमेव निमित्तमात्रं भव सव्यसाचिन्।।33।।

इसलिये यश प्राप्त कर तू शत्रुओं को जीत कर।
तू मात्र एक निमित्त बन, मेरे मारे है ये वीर वर।।

द्रोणं च भीष्मं च जयद्रथं च कर्ण तथान्यानपि योधवीरान्।
मया हतांस्त्वं जहि मा व्यथिष्ठायुध्यस्व जेतासि रणे सपत्नान्।।34।।

भीष्म, द्रोण व कर्ण, जयद्रथ, से न भय कर युद्ध कर।
ये पहले से मेरे मारे हैं, तू पाले यश इन्हें जीत कर।।

संजय ने राजा घृतराष्ट्र से कहा

एतच्छ्रुत्वा वचनं केशवस्य कृताञ्जलिर्वेपमानः किरीटी।
नमस्कृत्वा भूयएवाह कृष्णंसगद्गदं भीतभीतः प्रणम्य।।35।।

संजय ये बोले मुकुट पहने पार्थ अति डरने लगे।
काँपते हुए कृष्ण जी से बात ये कहने लगे।।

अर्जुन श्री कृष्ण से बोले

स्थाने हृषीकेश तव प्रकीर्त्या जगतत्प्रहृष्यत्यनुरज्यते च।
रक्षांसि भीतानि दिशो द्रवन्ति सर्वे नमस्यन्ति च सिद्धसंघां:।।36।।

ये योग्य है प्रभु आपके गुण, नाम और प्रभाव का।
कीर्तन ही देता हर्ष, मार्ग है राक्षसों के विनाश का।।

कस्माच्च ते न नमेरन्महात्मन् गरीयसे ब्रह्मणोऽप्यादिकर्त्रें।
अनन्त देवेश जगान्निवास त्वमक्षरं सदसत्तत्परं यत्।।37।।

हैं आप ब्रह्मा के पिता, फिर क्यों नहीं वो करें नमन।
सत् असत से भी परे हैं, आप सच्चिदानन्दघन।।

त्वमादिदेवः पुरुषः पुराणस्त्वमस्य विश्वस्य परं निधानम्।
वेत्तासि वेद्यं च परं च धाम त्वया ततं विश्वमनन्तरूप।।38।।

आश्रय जगत के हैं सनातन, पुरुष आप ही परम धाम।
आदि देव अनन्त रूप, सब में रहते प्रभु ललाम।

वायुर्यमोऽग्निर्वरुणः शशाङ्कः प्रजापतिस्त्वं प्रपितामहश्च।
नमो नमस्तेऽस्तु सहस्त्रकृत्वः पुनश्च भूयोऽपि नमो नमस्ते।।39।।

आधीन आपके अग्नि, वायु, ब्रह्म चन्द्र व यम वरुण।
आप ब्रम्हा के पिता को है मेरा अविरल नमन।।

नमः पुरस्तादथ पृष्ठतस्ते नमोऽस्तु ते सर्वत एव सर्व।
अनन्तवीर्यामितविक्रमस्त्वंसर्व समाप्नोषि ततोऽसि सर्वः।।40।।

सामर्थ शाली प्रभु तुम्हें सब ओर से ही प्रणाम है।
हे सर्व आत्मा, सर्व रूप सभी में आपका धाम है।।

सखेति मत्वा प्रसभं यदुक्तं हे कृष्ण हे यादव हे सखेति।
अजानता महिमानं तवेदंमया प्रमादात्प्रणयेन वापि।।41।।

महिमा बिना जाने तुम्हारी, मित्र माना सर्वदा।
आलस्य से कभी प्रेम से, हे कृष्ण हे यादव कहा।।

यच्चावहासार्थमसत्कृतोऽसि विहारशय्यासनभोजनेषु।
एकोऽथवाप्यच्युत तत्समक्षंतत्क्षामये त्वामहप्रमेयम्।।42।।

अपमान किया परिहास में, मित्रों के मैंने समाने।
सब की क्षमा में मागँता, निज भूल भी लगा मान ने।।

पितासि लोकस्य चराचरस्य त्वमस्य पूज्यश्च गुरुर्गरीयान्।
न त्वत्समोऽस्त्यभ्यधिक कुतोऽन्योलोकत्रयेऽप्यप्रतिमप्रभाव।।43।।

सारे चराचर के पिता, गुरु पूजनीय ही आप हैं।
तीनों लोकों मे सबसे बड़ के आप के ही प्रताप हैं।।

तस्मात्प्रणम्य प्रणिधाय कायंप्रसादये त्वामहमीशमीड्यम्।
पितेव पुत्रस्य सखेव सख्युः प्रियः प्रियायार्हसि देव सोढुम।।44।।

करते क्षमा हैं मित्र, मित्र को बाप बेटे को सर्वदा।
अपराध पत्नी के पति, करें आप प्रभु मेरे सदा।।

अदृष्टपूर्व हृषितोऽस्मि दृष्ट्वा भयेन च प्रव्यथितं मनो मे।
तदेव मे दर्शय देवरूपंप्रसीददेवेश जगान्निवास।।45।।

आश्चर्यमय इस रूप को, प्रभु अब नहीं दिखलाइये।
हर्षित हूँ पर भयभीत हूँ, प्रभु विष्णु रूप में आइये।।

किरीटिनं गादिनं चक्रहस्तमिच्छामि त्वां द्रष्टुमहं तथैव।
तेनैव रूपेण चतुर्भुजेन सहस्त्रबाहो भव विश्वमूर्ते।।46।।

हे विश्व रूपी प्रभु चर्तुभुज रूप में अब आइये।
मुकुट पहने गदा चक्र ले, रूप को दिखलाइये।।

भगवान श्री कृष्ण बोले

मया प्रसन्नेन तवार्जुनेदंरूपं परं दर्शितमात्मयोगात्।
तेजोमयं विश्वमनन्तमाद्यंयन्मे त्वदन्येन न दृष्टपूर्वम्।।47।।

अर्जुन कृपा करके तुझे ये विराट रूप दिखाया है।
तेरे सिवा कोई भी पहले, देख ही नहीं पाया है।।

न वेदयज्ञाध्ययनैर्न दानैनं च क्रियाभिर्न तपोभिरुग्रै:।
एवंरूप: शक्य अहं नृलोके द्रष्टुं त्वदन्येन कुरुप्रवीर।।48।।

ये विश्वरूप मनुष्य लोक में वेद, यज्ञ न दान से।
दिखता नहीं अध्ययन या तप से, अन्य क्रिया विधान से।।

मा ते व्यथा मा च विमूढभावोदृष्ट्वा रूपं घोरमीदृङ्ममेदम्।
व्यपेतभी: प्रीतमना: पुनस्त्वंतदेव मे रूपमिदं प्रपश्य।।49।।

विकराल रूप को देखकर तू मूर्ख और व्याकुल न हो।
मेरा चर्तुभुज रूप प्रीति देख तू साहस न खो।।

तब संजय घृतराष्ट्र जी से बोले

इत्यर्जुनं वासुदेवस्तथोक्त्वा स्वकं रूपं दर्शयामास भूय:।
आश्वासयामास च भीतमेनंभूत्वा पुन: सौम्यवपुर्महात्मा।।50।।

संजय ये बोले कृष्ण ने तब सौम्य रूप ही रख लिया।
भयभीत अर्जुन को बहुत समझाया और धीरज दिया।।

अर्जुन ने श्री कृष्ण से कहा

दृष्ट्वेदं मानुषं रूपं तव सौम्यं जनार्दन।
इदानीमस्मि संवृत्तः सचेताः प्रकृतिं गतः।।51।।
अर्जुन ने देखा कृष्ण को तब शान्त मनुज स्वरूप में।
बोले भगवन चित्त अब है स्वभाव के अनुरूप में।।

भगवान श्री कृष्ण बोले

सुदुर्दर्शमिदं रूपं दृष्टवानसि यन्मम।
देवा अप्यस्य रूपस्य नित्यं दर्शनकांक्षिणः।।52।।
मेरा चतुर्भज रूप दुर्लभ, देख सब नहीं पाते हैं।
लालसा दर्शन की, देव भी करते ही रह जाते हैं।।

नाहं वेदैर्न तपसा न दानेन न चेज्यया।
शक्य एवंविधो द्रष्टुं दृष्टवानसि मां यथा।।53।।
मेरा चर्तुभुज रूप, यज्ञ न वेद तप से दान से।
दिखता नहीं अर्जुन ये सब को अन्य कर्म विधान से।।
भक्त्या त्वनन्यया शक्य अहमेवंविधोऽर्जुन।
ज्ञातुं द्रष्टुं च तत्त्वेन प्रवेष्टुं च परन्तप।।54।।
पर भक्त मेरा अनन्य भक्ति से देख मुझको सकता है।
भक्ति भाव से मेरे ज्ञान रहस्य को पा सकता है।।
मत्कर्मकृन्मत्परमो मद्भक्तः सङ्गवर्जितः।
निर्वैरः सर्वभूतेषु यः स मामेति पाण्डव।।55।।
अर्जुन जो भक्ति से कर्म सारे बस मेरे लिये करता है।
वो प्राप्त करता है मुझे जो बैर किसी से न करता है।।

ग्यारहवां अध्याय समाप्त हुआ।

*

आध्याय बारह

अर्जुन ने भगवान श्री कृष्ण से कहा

एवं सततयुक्ता ये भक्तास्त्वां पर्युपासते।
ये चाप्यक्षरमव्यक्तं तेषां के योगवित्तमाः॥1॥

हे कृष्ण सगुण या निराकार में श्रेष्ठ कौन बताइये।
किसे श्रेष्ठ योगी मानते हो, प्रभु मुझे समझाइये॥

श्री कृष्ण भगवान बोले

मय्यावेश्य मनो ये मां नित्ययुक्ता उपासते।
श्रद्धया परयोपेतास्ते मे युक्ततमा मताः॥2॥

एकाग्र कर मन ध्यान भजन जो भक्तजन नित करते हैं।
श्रद्धा से मुझको पूजते योगी मुझे प्रिय लगते हैं॥

ये त्वक्षरमनिर्देश्यमव्यक्तं पर्युपासते।
सर्वत्रगमचिन्त्यं च कूटस्थमचलं ध्रुवम्॥3॥

पर जो पुरूष मन इन्द्रियों को ठीक से वश में करे।
मैं अकथनीय हूँ सर्वव्यापी बुद्धि मन से भी परे॥

सन्नियम्येन्द्रियग्रामं सर्वत्र समबुद्धयः।
ते प्राप्नुवन्ति मामेव सर्वभूतहिते रताः॥4॥

पर जो निरन्तर निराकार ही ब्रह्म को ही भजते हैं।
जो सब के हित में लगे है जन, वो प्राप्त मुझको करते हैं॥

क्लेशोऽधिकतरस्तेषामव्यक्तासचेतसाम्।
अव्यक्ता हि गतिर्दुःखं देहवद्भिरवाप्यते॥5॥

पर निराकार में व्यक्ति अपना चित्त जो भी लगाते हैं।
देहाभिमान से साधना कर के वो दुःख को पाते हैं॥

ये तु सर्वाणि कर्माणि मयि सन्न्यस्य मत्पराः।
अनन्येनैव योगेन मां ध्यायन्त उपासते।।6।।

आसक्त मुझमें भक्त सारे कर्म अर्पण करते हैं।
मैं ही समाया सब में, सेवा कर के मुझको भजते हैं॥

तेषामहं समुद्धर्ता मृत्युसंसारसागरात्।
भवामि नचिरात्पार्थ मय्यावेशितचेतसाम्।।7।।

मैं प्रेमी भक्तों का सदा करता हूँ उद्धार मैं।
अर्जुन जो चित्त लगाते मुझ में करता बेड़ा पार मैं॥

मय्येव मन आधत्स्व मयि बुद्धिं निवेशय।
निवसिष्यसि मय्येव अत उर्ध्वं न संशयः।।8।।

मुझ में लगा मन बुद्धि अर्जुन, मुझको ही पा जायेगा।
इसमें तनिक संशय नहीं, तू मुझमें ही आ जायेगा॥

अथ चित्तं समाधातुं न शक्नोषि मयि स्थिरम्।
अभ्यासयोगेन ततो मामिच्छाप्तुं धनञ्जय।।9।।

लगता नहीं मन तो भी अर्जुन, तू मेरा कीर्तन ही कर।
तू भक्ति से मुझे पाने की, अरे मन से ये इच्छा तो कर॥

अभ्यासेऽप्यसमर्थोऽसि मत्कर्मपरमो भव।
मदर्थमपि कर्माणि कुर्वन्सिद्धिमवाप्स्यसि।।10।।

यदि भक्ति भी होती नहीं, तो कर्म कर मेरे लिये।
बन जा निमित्त तू कर्म का, मुझे प्राप्त करने के लिये॥

भगवान श्री कृष्ण अर्जुन से बोले

अथैतदप्यशक्तोऽसि कर्तुं मद्योगमाश्रितः।
सर्वकर्मफलत्यागं ततः कुरु यतात्मवान्।।11।।

ये भी नहीं कर सकता अर्जुन, कम से इतना तो कर।
सब कर्मों का फल त्याग कर, उनको मुझे अर्पण तो कर॥

श्रेयो हि ज्ञानमभ्यासाज्ज्ञानाद्ध्यानं विशिष्यते।
ध्यानात्कर्मफलत्यागस्त्यागाच्छान्तिरनन्तरम्।।12।।

अभ्यास से है ज्ञान श्रेष्ठ व ज्ञान से फिर ध्यान है।
पर कर्मों का फल त्याग, देता शीघ्र शान्ति महान है।।

अद्वेष्टा सर्वभूतानां मैत्रः करुण एव च।
निर्ममो निरहंकारः समदुःखसुख क्षमी।।13।।

जो जन न करता द्वेष, सबका प्रेमी और दयालु है।
है अंहकार से दूर, सम और क्षमावान कृपालु है।।

सन्तुष्टः सततं योगी यतात्मा दृढ़निश्चयः।
मय्यर्पितमनोबुद्धिर्यो मद्भक्तः स मे प्रियः।।14।।

दृढ़ निश्चयी मन इन्द्रियों को वश में कर संतुष्ट है।
मन बुद्धि अर्पण करता जो, मुझको अति प्रिय भक्त है।।

यस्मान्नोद्विजते लोको लोकान्नोद्विजते च यः।
हर्षामर्षभयोद्वेगैर्मुक्तो यः स च मे प्रियः।।15।।

जो क्रोध करता है नहीं, नहीं औरो से करवाता है।
जो हर्ष शोक में सम रहे, वो भक्त प्रिय लग जाता है।।

अनपेक्षः शुचिर्दक्ष उदासीनो गतव्यथः।
सर्वारम्भपरित्यागी यो मद्भक्तः स मे प्रियः।।16।।

बिन आस, शुद्ध जो चतुर है, बिन पक्षपात के जो सदा।
दुःखों से छूटा भक्त जो, है प्रिय मुझे वो सर्वदा।।

यो न हृष्याति न द्वेष्टि न शोचिति न काङ्क्षति।
शुभाशुभपरित्यागी भक्तिमान्यः स मे प्रियः।।17।।

हर्षित न होता न द्वेष करता, और शोक न कामना।
जो शुभ, अशुभ कर्मों का त्यागी, वो भक्त प्रिय मेरा समझना।।

समः शत्रौ च मित्रे च तथा मानापमानयोः।
शीतोष्णसुखदुःखेषु समः सग्ङविवर्जितः।।18।।

जो शत्रु मित्र में मान में अपमान में सम रहता है।
गरमी व सरदी, सुख दुःख आसक्ति बिन जो सहता है।।

तुल्यनिन्दास्तुतिमौंनी सन्तुष्टो येन केनचित्।
अनिकेतः स्थिरमतिर्भक्तिमान्ये प्रियो नरः।।19।।

निन्दा व स्तुति को बराबर समझता संतुष्ट है।
आसक्ति ममता रहित जो, वो मेरा प्रिय भक्त है।।

ये तु धर्म्यामृतमिदं यथोक्तं पर्युपासते।
श्रद्दधाना मत्परमा भक्तोस्तेऽतीव मे प्रियाः।।20।।

श्रद्धा से अमृत धर्म का करे पान मम आसक्त हैं।
निष्काम, प्रेम से भजते जो, वो ही परम प्रिय भक्त हैं।।

बारहवां अध्याय समाप्त हुआ।

*

अध्याय तेरह

भगवान श्री कृष्ण बोले

इदं शरीरं कौन्तेय क्षेत्रमित्यभिधीयते।
एतद्यो वेत्ति तं प्राहुः क्षेत्रज्ञ इति तद्विदः।।1।।

अर्जुन ये तन भी खेत है, इस बात को जो जानता।
जो खेत तत्व को जानता उसको में ज्ञानी मानता।।

क्षेत्रज्ञं चापि मां विद्धि सर्वक्षेत्रेषु भारत।
क्षेत्रक्षेत्रज्ञयोर्ज्ञानं यत्तज्ज्ञानं मतं मम।।2।।

तन रुपी सारे खेतों में, आत्मा हूँ मैं ये जान ले।
इन दोनों में अन्तर है जो, उसे ज्ञान, अर्जुन मान ले।।

तत्क्षेत्रं यच्च यादृक-च यद्विकारि यतश्च यत्।
स च यो यत्प्रभावश्च तत्समासेन मे श्रृणु।।3।।

ये खेत जैसा जिन विकारों वाला, जिस कारण से है।
संक्षेप में ये प्रभाव वाला सुन ले किस कारण से है।।

ऋषिभिर्बहुधा गीतं छन्दोभिर्विविधैः पृथक्।
ब्रह्मसूत्रपदेश्चैव हेतुमद्भिर्विनिश्चितैः।।4।।

यह खेत उसका तत्व, ऋषियों ने कहा कई भाँति से।
वेद मन्त्रों, ब्रम्ह सूत्रों ने कहा भली भाँती से।।

महाभूतान्यहङंकरो बुद्धिरव्यक्तामेव च।
इन्द्रियाणि दशैकं चपञ्च चेन्द्रियगोचराः।।5।।

अहंकार व बुद्धि, मूल प्रकृति पाँच है महाभूत।
दस इन्द्रियाँ मन एक, रस, स्पर्श, शब्द व गंध रुप।।

इच्छा द्वेषः सुखं दुःखं सङावतश्चेतना धृतिः।
एतत्क्षेत्रं समासेन सविकारमुदाहतम्।।6।।

इच्छा व द्वेष व सुख दुःख और देह चेतना धृति विकार।
संक्षेप में इस खेत के, तुम जान ले कई हैं प्रकार।।

अमानित्वमदम्भित्वमहिंसा क्षान्तिरार्जवम्।
आचार्योपासनं शौचं स्थैर्यमात्मविनिग्रहः।।7।।
श्रेष्ठता, दम्भाचरण का अभाव और क्षमा भाव भी।
गुरु सेवा मन वाणी सरल भीतर व बाहर शुद्धि भी।।
इन्द्रियार्थेषु वैराग्यमनहङ्‌कार एव च।
जन्ममृत्युजराव्याधिदुःखदोषानुदर्शनम्।।8।।
असाक्ति हो नहीं भोगों में, इस लोक या परलोक के।
वो अहंकार रहित हो, जन्म, मरण व रोग विचार के।।
असक्तिरनभिष्वङ्‌गः पुत्रदारगृहादिषु।
नित्यं च समचित्तत्वमिष्टानिष्टोपपत्तिषु।।9।।
आसक्ति ममता का अभाव हो, स्त्री, और घर पुत्र में।
सम रहे जब चित्त, प्रिय, अप्रिय किसी भी प्राप्ति में।।
मयि चानन्ययोगेन भक्तिरव्यभिचारिणी।
विविक्तदेशसेवित्वमरतिर्जनसंसदि।।10।।
मुझ एक परमेश्वर में योग से, मेरी अनन्य ही भक्ति हो।
जो मनुष्य भोगों में लिप्त हों, उन में नहीं आसक्ति हो।।
अध्यात्मज्ञाननित्यत्वं तत्वज्ञानार्थदर्शनम्।
एतज्ज्ञानमिति प्रोक्तमज्ञानं यदतोऽन्यथा।।11।।
अध्यात्म, तत्व का ज्ञान सब, परमात्मा का ज्ञान है।
विपरीत इस के जो भी है, समझो वो सब अज्ञान है।।
ज्ञेयं यत्तत्प्रवक्ष्यामि यज्ज्ञात्वामृतमश्नुते।
अनादिमत्परं ब्रह्म न सत्तन्नाासदुच्यते।।12।।
जो जान ने के योग्य परमानन्द का भी दाता है।
पर ब्रम्ह ही है अनादि, नहीं सत असत कहलाता है।।
सर्वतः पाणिपादं तत्सर्वतोऽक्षिशिरोमुखम्।
सर्वतः श्रुतिमल्लोके सर्वमावृत्य तिष्ठति।।13।।
सब ओर उसके हाथ पैर व आँख मुख सिर कान हैं।
संसार को रच कर सभी में रहते एक समान हैं।।

सर्वेन्द्रियगुणाभासं सर्वेन्र्दियविवर्जितम्।
असक्तं सर्वभृच्चैव निर्गुणं गुणाभोक्तृ च।।14।।

नहीं इन्द्रियाँ पर इन्द्रियों को वो ही जानने वाला है।
है वो निर्गुण पर गुणों को भोगने वाला भी है।।

बहिरन्तश्च भूतानामचरं चरमेव च।
सूक्ष्मत्वात्तदविज्ञेयं दूरस्थं चान्तिके च तत्।।15।।

वहीं चराचर में समाया है, और चल अचल में भी वही।
नहीं दिखता छोटे होने से, है पास भी वही दूर भी।।

अविभक्तं च भूतेषु विभक्तमिव च स्थितम्।
भूतभर्तृ च तज्ज्ञेयं ग्रसिष्णु प्रभविष्णु च।।16।।

परमात्मा आकाश जैसा, एक है कई लगता है।
जो जन्म देता पालता, संहार भी वही करता है।।

ज्योतिषामपि तज्ज्योतिस्तमसः परमुच्यते।
ज्ञानं ज्ञेयं ज्ञानगम्यं हृदि सर्वस्य विष्ठितम्।।17।।

पर ब्रम्ह ज्योति है, ज्योतियों की, माया से भी दूर है।
सब के हृदय में रहता वो, वही ज्ञान बोध स्वरूप है।।

इति क्षेत्रं तथा ज्ञानं ज्ञेयं चोक्तं समासतः।
मद्भक्त एताद्विज्ञाय मद्भावायोपपद्यते।।18।।

ये जान ने के योग्य, खेत का ज्ञान मेरा रूप है।
ये जान मेरा भक्त करता, प्राप्त मेरा स्वरूप है।।

प्रकृतिं पुरुषं चैव विद्ध्यनादी उभावपि।
विकारांश्च गुणांश्चैव विद्धि प्रकृतिसमभवान्।।19।।

आत्मा को और प्रकृति को, तू पुरानी है जान ले।
राग द्वेष व तीन गुण, जन्मे प्रकृति से मान ले।।

कार्यकरणकतृत्वे हेतुः प्रकृतिरुच्यते।
पुरुषः सुखदुःखानां भोक्तृत्वे हेतुरुच्यते।।20।।

कार्य करने जन्म लेने के लिये है प्रकृति ये।
आत्मा तो सुख दुःख भोग ने के मात्र ही है निमित्त ये।।

पुरुषः प्रकृतिस्थो हि भुङ्क्ते प्रकृतिजान्गुणान्।
कारणं गुणसङ्गोऽस्य सदसद्योनिजन्मसु।।21।।

जन्मे प्रकृति से गुण पदार्थ, जन उनको भोगने वाले हैं।
अच्छा बुरा जीवात्मा को, ये शरीर देने वाले हैं।।

उपद्रष्टानुमन्ता च भर्ता भोक्ता महेश्वरः।
परमात्मेति चाप्युक्तो देहेऽस्मिन्पुरुषः परः।।22।।

इस शरीर में आत्मा, परमात्मा का स्वरूप है।
दृष्टा व साक्षी ब्रह्म के सम, महेश्वर का रूप है।।

य एवं वेत्ति पुरुषं प्रकृतिं च गुणैः सह।
सर्वथा वर्तमानोऽपि न स भूयोऽभिजायते।।23।।

जो जन प्रकृति गुण, पुरूष को तत्व से है जानता।
कर्तव्य कर्म को कर के भी, वो फिर नहीं है जन्मता।।

ध्यानेनात्मनि पश्यन्ति केचिदात्मानमात्मना।
अन्ये साङ्ख्येन योगेन कर्मयोगेन चापरे।।24।।

ध्यान से परमात्मा, कई जन हृदय में पाते हैं।
कई ज्ञान योग से कर्म योग से, उनके दर्शन पाते हैं।।

अन्ये त्वेवमजानन्तः श्रुत्वान्येभ्य उपासते।
तेऽपि चातितरन्त्येव मृत्युं श्रुतिपरायणाः।।25।।

कम बुद्धि पुरूष भी, दूसरों से ज्ञान की बातों को सुन।
संसार से तर जाते हैं कर पूजा, अर्चना भी वो जन।।

यावत्सञ्जायते किञ्चित्सत्त्वं स्थावरजंगमम्।
क्षेत्रक्षेत्रज्ञसंयोगात्तद्विद्धि भरतर्षभ।।26।।

जन्में हैं जितने प्राणी इस सृष्टि में अर्जुन जान लो।
आत्मा शरीर के मेल से, जन्मे वो सारे मान लो।।

समं सर्वेषु भतेषु तिष्ठन्तं परमेश्वरम्।
विनश्यत्सवविनश्यन्तं यः पश्यति स पश्यति।।27।।

पर नाश होते शरीर सब, परमात्मा ही अमर है।
सब में बराबर वो ही है, यह सत्य सर्वदा अटल है।।

समं पश्यन्हि सर्वत्र समवस्थितमीश्वरम्।
न हिनस्त्यात्मनात्मानं ततो याति परां गतिम्।।28।।

जो पुरूष सब में समाये, एक परमेश्वर को पाता है।
नहीं नष्ट करता आप को, वह परमगति पा जाता है।।

प्रकृत्यैव च कर्माणि क्रियमाणानि सर्वशः।
यः पश्यति तथात्मानमकर्तारं स पश्यति।।29।।

सब कार्य करती प्रकृति सब, आत्मा तो कुछ नहीं करता है।
यही सत्य बात है कार्य तो बस ये शरीर ही करता है।।

यदा भूतपृथग्भावमेकस्थमनुपश्यति।
तत एव च विस्तारं ब्रह्म सम्पद्यते तदा।।30।।

जिस क्षण अनेकों में एक ही, परमात्मा दिख जाता है।
उसी क्षण वो जन सच्चिदानन्दघन ब्रम्ह को पा जाता है।।

अनादित्वान्निर्गुणत्वात्परमात्मायमव्ययः।
शरीरस्थोऽपि कौन्तेय न करोति न लिप्यते।।31।।

परमात्मा ही शरीर में, निर्गुण भी है अविनाशी भी।
नहीं लिप्त होता, शरीर से, कर के वो सारे कर्म भी।।

यथा सर्वगतं सौक्ष्म्यादाकाशं नोपलिप्यते।
सर्वत्रावस्थितो देहे तथात्मा नोपलिप्यते।।32।।

जिस तरह है आकाश व्यापक और ये है सूक्ष्म भी।
आत्मा भी निर्गुण देह में, नहीं लिप्त होता है कभी।।

यथा प्रकाशयत्येकः कृत्स्त्रं लोकमिमं रविः।
क्षेत्रं क्षेत्री तथा कृत्स्नं प्रकाशयति भारत।।33।।

सूर्य जैसे एक ही, सब को प्रकाशित करता है।
उस तरह ही एक आत्मा सारे शरीरों में रहता है।।

क्षेत्रक्षेत्रज्ञयोरेवमन्तरं ज्ञानचक्षुषा।
भूतप्रकृतिमोक्षं च ये विदुर्यान्ति ते परम्।।34।।

ज्ञान दृष्टि से कर्म कर ही, मुक्ति के पथ जाते हैं।
वो महात्मा एक आत्मा जान ब्रह्म को पाते हैं।।

तेरहवां अध्याय समाप्त हुआ।

*

अध्याय चौदह

भगवान श्री कृष्ण अर्जुन से बोले

परं भूयः प्रवक्ष्यामि ज्ञानानां ज्ञानमुत्तमम्।
यज्ज्ञात्वा मुनयः सर्वे परां सिद्धिमितो गताः।।1।।

भगवान बोले श्रेष्ठ ज्ञानों में ज्ञान तुझको बताऊंगा।
मुनिजन भी होते सिद्ध ऐसा, मुक्ति पथ समझाऊंगा।।

इदं ज्ञानमुपाश्रित्य मम साधर्म्यमागताः।
सर्गेऽपि नोपजायन्ते प्रलये न व्यथन्ति च।।2।।

इस ज्ञान का आश्रय जो ले, मेरे रूप में तल्लीन हैं।
नहीं जन्म लेते, प्रलय काल के दुखों में नहीं लीन हैं।।

मम योनिर्महद्ब्रह्म तस्मिन्गर्भं दधाम्हम।
सम्भवः सर्वभूतानां ततो भवति भारत।।3।।

अर्जुन मैं सब को जन्म देता मैं गर्भाशय का रूप बन।
चेतन व जड़ के योग से करता हूँ सृष्टि का सृजन।।

सर्वयोनिषु कौन्तेय मूर्तयः सम्भवन्ति याः।
तासां ब्रह्म महद्योनिरहं बीजप्रदः पिता।।4।।

जितने शरीर है प्राणियों के, मैं ही माता रूप हूँ।
बीज देने में सभी को पिता का मैं स्वरूप हूँ।।

सत्वं रजस्तम इति गुणाः प्रकृतिसम्भवाः।
निबध्नन्ति महाबाहो देहे देहिनमव्ययम्।।5।।

अर्जुन सुनो ये सत्वगुण, रजोगुण, तमोगुण सर्वदा।
अविनाशी जीवात्मा को देह में बाँध लेते हैं सदा।।

तत्र सत्त्वं निर्मलत्वाप्रकाशकमनामयम्।
सुखसंगेन बध्नाति ज्ञानसंगेन चाधन।।6।।

तीनों गुणों में सत्वगुण निर्मल प्रकाश को देता है।
पर ज्ञान, सुख, अभिमान से ये बाँध आत्मा को लेता है।।

रजो रागात्मकं विद्धि तृष्णासंगसमुद्भवम्।
तन्निबध्नाति कौन्तेय कर्मसंगेन देहिनम्।।7।।

राग रूप से रजो गुण, आसक्ति काम से जन्मता।
जीवात्मा को कर्मो के फल हेतु नित्य ही बाँधता।।

तमस्त्वज्ञानजं विद्धि मोहनं सर्वदेहिनाम्।
प्रमादालस्यनिद्राभिस्तन्निबध्नाति भारत।।8।।

मोहित करे अभिमान बन ये तमोगुण अज्ञान से।
जीवात्मा को बाँधता, आलस्य नींद की खान से।।

सत्वं सुखे संञ्जयति रजः कर्मणि भारत।
ज्ञानमावृत्व तु तमः प्रमादे सञ्जयत्युत।।9।।

सत्वगुण सुख में, रजोगुण कर्म में ही लगाता है।
ज्ञान ढक कर के तमोगुण, आलसी ही बनाता है।।

रजस्तमश्चाभिभूय सत्वं भवति भारत।
रजः सत्वं तमश्चैव तमः सत्वं रजस्तथा।।10।।

रजोगुण, तमोगुण दब के सत्व, व सत्व, तम दब रज बड़े।
सत्व गुण रजोगुण दबाकर तमोगुण भारी पड़े।।

सर्वद्वारेषु देहेऽस्मिन्प्रकाश उपजायते।
ज्ञानं यदा तदा विद्याद्विवृद्धं सत्वमित्युत।।11।।

अन्तकरण, तन इन्द्रियों में चेतना जाग्रति बढ़ी।
तब जान लो ये मात्रा है, सत्वगुण ही बढ़ी।।

लोभः प्रवृत्तिरारम्भः कर्मणामशमः स्पृहा।
रजस्येतानि जायन्ते विवृद्धे भरतर्षभ।।12।।

अर्जुन रजोगुण बढ़ने पर लोभ स्वार्थ ही बढ़ता है।
मन अशान्त व स्वार्थ बुद्धि फल की कामना करता है।।

अप्रकाशोऽप्रवृत्तिश्च प्रमादो मोह एव च।
तमस्येतानि जायन्ते विवृद्धे कुरुनन्दन।।13।।

अर्जुन तमोगुण बढ़ने पर, अन्त करण और इन्द्रियाँ।
अन्धकार में रहते हैं, कर्तव्य कर्म में निष्क्रिया।।

यदा सत्वे प्रवृद्धे तु प्रलयं याति देहभृत्।
तदोत्तमविदां लोकानमलान्प्रतिपद्यते।।14।।

जब सत्वगुण की वृद्धि में मृत्यु कोई जन पाता है।
कार्य उत्तम करने वाला स्वर्ग लोक में जाता है।।

रजसि प्रलयं गत्वा कर्मसंगिषु जायते।
तथा प्रलीनस्तमसि मूढयोनिषु जायते।।15।।

मृत्यु हो जब रजो गुण में तन मनुष्य का पाता है।
बढ़ने पर तमोगुण वो जन, तन कीट पशुओं का पाता है।।

कर्मणः सुकृस्याहुः सात्विकं निर्मल फलम्।
रजसस्तु फलं दुःखमज्ञानं तमसः फलम्।।16।

श्रेष्ठ कर्म तो ज्ञान सुख वैराग्य फल का दाता है।
फल दुखः राजसी कर्मों का, अज्ञान तामसी पाता है।।

सत्वात्सञ्जायते ज्ञानं रजसो लोभ एव च।
प्रमादमोहौ तमसो भवतो भवतोऽज्ञानमेव च।।17।।

सत्व गुण से ज्ञान, रजो गुण से लोभ ही बढ़ता है।
तमोगुण से केवल मोह और आलस्य ही बस बढ़ता है।।

उर्ध्वं गच्छन्ति सत्वस्था मध्ये तिष्ठिन्त राजसाः।
जघन्यगुणवृत्तिस्था अधो गच्छन्ति तामसाः।।18।।

सत्यगुणी जन स्वर्ग में, नर लोक में राजस रहें।
आलस्य में पड़े तामसी जन, बस नर्क में ही रहें।।

नान्यं गुणेभ्यः कर्तारं यदा द्रष्टानुपश्यति।
गुणेभ्यश्च परं वेत्ति मद्भावं सोऽधिगच्छति।।19।।

कार्य करते हैं तीन गुण, परमात्मा तो अकर्ता है।
मुझे दूर त्रिगुणों से जानता वो प्राप्त मुझको करता है।।

गुणोनेतानतीत्य त्रीन्देही देहसमुद्भवान्।
जन्ममृत्युजरादुःखैर्विमुक्तोऽमृतमश्नुते ।।20।।

तीनों गुणों को पार कर के, जन्म मृत्यु, बुढ़ापा भी।
हो सब दुखोंः से मुक्त परमानन्द पाता है वही।।

अर्जुन ने भगवान श्री कृष्ण से कहा

कैर्लिङ्गैस्त्रीन्गुणानेतानतीतो भवति प्रभो।
किमाचारः कथं चैतांस्त्रीन्गुणानतिवर्तते।।21।।

अर्जुन ये बोले कृष्ण से तीनों गुणों से जो पार है।
कैसा वो होता है प्रभु और उसका क्या व्यवहार है।।

भगवान श्री कृष्ण ने कहा

प्रकाशं च प्रवृत्तिं च मोहमेव च पाण्डव।
न द्वेष्टि सम्प्रवृत्तानि न निवृत्तानि कांक्षति।।22।।

अर्जुन जो सत्व व रजोगुण, तमोगुण से करता न द्वेष है।
गुण अपने करते कार्य हैं आसक्ति उनमें न शेष है।।

उदासीनवदासीनो गुणैर्यो न विचाल्यते।
गुणा वर्तन्त इत्येव योऽवतिष्ठति नेंगते।।23।।

तीनों गुणों से दूर मैं तो साक्षी हूँ परमात्मा
इस भाव से हर समय में विचलित न हो, वो महात्मा।

समदुःखसुखः स्वस्थः समलोष्टाश्मकांचनः।
तुल्यप्रियाप्रियो धीरस्तुल्यनिन्दितमसंस्तुतिः।।24।।

स्वर्ण, पत्थर, मिट्टी सुख दुःख उसको एक समान है।
प्रिय व अप्रिय निन्दा स्तुति सम लगे जिसे ज्ञान है।।

मानापमानयोस्तुल्यस्तुल्यो मित्रारिपक्षयोः।
सर्वारम्भपरित्यागी गुणतीतः स उच्यते।।25।।

जो सम सदा रहता है, चाहे मान या अपमान है।
जिसे मित्र, शत्रु एक सा लगे, गुणातीत महान है।।

मां च योऽव्यभिचारेण भक्तियोगेन सेवते।
स गुणान्समतीत्यैतान्ब्रह्मभूयाय कल्पते।।26।।

जो श्रद्धा भक्ति प्रेम से, मुझको निरन्तर भजता है।
तीनों गुणों को पार कर, मुझे पाने योग्य वो बनता है।।

ब्रह्मणो हि प्रतिष्ठाहममृतस्याव्ययस्य च।
शाश्वतस्य च धर्मस्य सुखस्यैकान्तिकस्य च।।27।।

क्यों कि मैं आश्रय धर्म का, अमृत का हूँ आनन्द का।
पर ब्रह्म अविनाशी का भी, आश्रय मैं ही हूँ सर्वदा।।

चौदहवां अध्याय समाप्त हुआ।

*

अध्याय पन्द्रह

श्री भगवान ने कहा

उर्ध्वमूलमधःशाखमश्ववत्थं प्राहुरव्ययम्।
छन्दांसि यस्य पर्णानि यस्तं वेद स वेदवित्।।1।।

जग रूपी पीपल वृक्ष का, मैं जड़ हूँ ब्रह्मा शाखा हैं।
हैं वेद जिसके पत्ते जानते, जन वो तत्व के ज्ञाता हैं।।

अधश्चोर्ध्व प्रसृतास्तस्य शाखाः गुणप्रवृद्धा विषयप्रवालाः।
अधश्च मूलान्यनुसन्ततानि कर्मानुबन्धीनि मनुष्यलोके।।2।।

तीनों गुणों की विषय भोगों की कोपलें लहरा रही।
जड़ें वासना ममता की सारे लोकों में ही जा रही।।

न रुपमस्येह तथोपलभ्यते नान्तो न चार्दिन च सम्प्रतिष्ठा।
अश्वत्थमेनं सुविरुढमूलमसङ्गशस्त्रेण दृढेन छित्त्वा।।3।।

संसार रूपी वृक्ष का आदि है नहीं अन्त है।
वैराग्य से पीपल के जैसा वृक्ष काटो ये शस्त्र है।।

ततः पदं तत्परिमार्गितव्यंयस्मिन्गाता न निवर्तन्ति भूयः।
तमेव चाद्यं पुरुषं प्रपद्ये यतः प्रवृतिः प्रसृता पुराणी।।4।।

खोज कर परमेश्वर, जन शरण उनकी जाता है।
तब लौट कर संसार में, फिर से नहीं वो आता है।।

निर्मानमोहा जितसङ्गदोषाअध्यात्मनित्या विनिवृत्तकामाः।
द्वन्द्वैर्विमुक्ताः सुखदुखसञ्ज्ञैर्गच्छन्त्यमूढ़ाः पदमव्ययं तत्।।5।।

जो मोह, मान को नष्ट कर आसक्ति दूर भगाते हैं।
वो सुख दुखः से मुक्त हों, फिर परम पद को पाते हैं।।

न तद्भासयते सूर्यो न शशांको न पावकः।
यद्गत्वा न निवर्तन्ते तद्धाम् परमं मम।।6।।

जिस में न आग व चन्द्रमा सूरज का कोई काम है।
जाकर जहाँ लौटें न जन, मेरा परम वही धाम है।।

ममैवांशो जीवलोके जीवभूत: सनातन:।
मन:पष्ठानीन्द्रियाणि प्रकृतिस्थानि कर्षति।।7।।

इस देह में जीवात्मा, मेरा अंश ही है सनातन।
वही पाँचों इन्द्रियाँ खींचता, और साथ में लेकर के मन।।

शरीरं यदवाप्नोति यच्चाप्युत्क्रामतीश्वर:।
गृहीत्वैनतानि संयाति वायुर्गन्धानिवाशयात्।।8।।

वायु जैसे गन्ध ले, किसी ओर में उड़ जाता है।
जीवात्मा, मन इन्द्रियाँ, ले अन्य तन को पाता है।।

श्रोत्रं चक्षु: स्पर्शनं च रसनं घ्राणमेव च।
अधिष्ठाय मनश्चायं विषयानुपसेवते।।9।।

कान आँखें त्वचा, जीभ व नाक मन में रहता है।
ले आसरा जीवात्मा विषयों का सेवन करता है।।

उत्क्रामन्तं स्थितं वापि भुंजानं वा गुणान्वितम्।
विमूढा नानुपश्यन्ति पश्यन्ति ज्ञानचक्षुष:।।10।।

देह के भीतर व देह के त्याग ने के बाद भी।
तीनों गुणों से युक्त, ज्ञानी जानें, अज्ञानी नहीं।।

यतन्तो योगिनश्चैनं पश्यन्त्यात्मन्यवस्थितम्।
यतन्तोऽप्यकृतात्मानो नैनं पश्यन्त्यचेतस:।।11।।

कर के प्रयत्न ही योगी जन, है हृदय में आत्मा जानते।
बिन शुद्ध अन्त: करण के, अज्ञानी नहीं पहचानते।।

यदादित्यगतं तेजो जगद्भासयतेऽखिलम्।
यच्चन्द्रमसि यच्चाग्नौ तत्तेजो विद्धि मामकम्।।12।।

जो सूर्य चन्द्र में तेज और प्रकाश वो मेरा ही है।
जग को प्रकाशित अग्नि को भी गर्म वो करता ही है।।

गामाविश्य च भूतानि धारयाम्यहमोजसा।
पुष्णामि चौषधी: सर्वा: सोमो भूत्वा रसात्मक:।।13।।

धरती में करके प्रवेश मैं, सारे जीवों में रहता हूँ।
रस रूप होकर चन्द्रमा से पुष्ट औषधी करता हूँ।।

अहं वैश्वानरो भूत्वा प्राणिनां देहमाश्रितः।
प्राणापानसमायुक्तः पचाम्यन्नं चतुर्विधम्।।14।

सब प्राणियों के शरीर में मैं प्राण बन के समाता हूँ।
मैं ही अग्नि बन कर उनके सारे, अन्न को भी पचाता हूँ।।

सर्वस्य चाहं हृदि सन्निविष्टोमत्तः स्मृतिर्ज्ञानमपोहनं च।
वेदैश्च सर्वैरहमेव वेद्योवेदान्तकृद्वेदविदेव चाहम्।।15।।

सब प्राणियों के हृदय में, मैं अर्न्तयामी हूँ सदा।
मैं ही वेदों द्वारा जान ने के योग्य भी हूँ सर्वदा।।

द्वाविमौ पुरुषौ लोके क्षरश्चाक्षर एव च।
क्षरः सर्वाणि भूतानि कूटस्थोऽक्षर उच्यते।।16।

नाश और अविनाशी ये दो तरह के हैं पुरूष जान।
नाश होता शरीर, तू जीवात्मा को अविनाशी मान।।

उत्तमः पुरुषस्तवन्यः परमात्मेत्युदाहृतः।
यो लोकत्रयमाविश्य विभर्त्यव्यय ईश्वरः।।17।।

इन दोनों में उत्तम पुरूष तो अन्य ही है सर्वदा।
जो पालता और पोषता वो है परमात्मा सदा।।

यस्मात्क्षरमतीतोऽहमक्षरादपि चोत्तमः।
अतोऽस्मि लोके वेदे च प्रथितः पुरुषोत्तमः।।18।।

मैं नाशवानों से दूर और उत्तम में जीवात्मा से हूँ।
इसलिए पुरूषोत्तम के नाम से भी प्रसिद्ध हूँ।।

यो मामेवमसम्मढो जानाति पुरुषोत्तमम्।
स सर्वविद्भजति मां सर्वभावेन भारत।।19।।

जो ज्ञानी जन पुरूषोत्तम, अर्जुन मुझे है जानता।
मुझ वासुदेव को ही निरन्तर भजता है मैं मानता।।

इति गुह्यतमं शास्त्रमिदमुक्तं मयानघ।
एतद्बुद्धवा बुद्धिमान्स्यात्कृतकृत्यश्च भारत।।20।।

मैंने, हे अर्जुन ये रहस्य का गूढ़ शास्त्र बताया है।
उस तत्व को जन जान, ज्ञानी कृतार्थ भी हो पाया है।।

पंद्रहवां अध्याय समाप्त हुआ।

*

अध्याय सोलह

श्री भगवान ने कहा

अभयं सत्वसंशुद्धिर्ज्ञानयोगव्यवस्थिति:।

दानं दमश्च यज्ञश्च स्वाध्यायस्तप आर्जवम्॥1॥

निर्भय हो, अन्तकरण निर्मल, ध्यान स्वात्विक दान हो।

वेद पाठन, धर्म पालन नित हरि गुणगान हो॥

अहिंसा सत्यमक्रोधस्त्याग: शान्तिरपैशुनम्।

दया भूतेष्वलोलुप्त्वं मार्दवं ह्रीरचापलम्॥2॥

मन व वाणी शरीर से, किसी का अहित नहीं करता हो।

नहीं क्रोध और अभिमान, दया भाव ही जो रखता हो॥

तेज: क्षमा धृति: शौचमद्रोहो नातिमानिता।

भवन्ति सम्पदं दैवीमभिजातस्य भारत॥3॥

प्राप्त जिसको सम्पदा दैवी है अर्जुन जान लो।

क्षमा तेज व धैर्य, शुद्धि, नहीं शत्रुभाव है मान लो॥

दम्भो दर्पोऽभिमानश्च क्रोध: पारुष्यमेव च।

अज्ञानं चाभिजातस्य पार्थ सम्पदमासुरीम्॥4॥

अभिमान दम्भ कठोरता और क्रोध भी अज्ञान भी।

जन्मे जो आसुरी सम्पदा में, जन वो ये पाते सभी॥

दैवी सम्पद्विमोक्षाय निबन्धायासुरी मता।

मा शुच: सम्पदं दैवीमभिजातोऽसि पाण्डव॥5॥

आसुरी सम्पदा बाँधती है, और दैवी तारती।

तू शोक इस का कर नहीं, तू है देवी सम्पदा धारती॥

द्वौ भूतसर्गौ लोकेऽस्मिन्दैव आसुर एव च।

दैवो विस्तरश: प्रोक्त आसुरं पार्थ मे शृणु॥6॥

इस लोक में दो तरह के अर्जुन पुरूष हैं सर्वदा।

दैवी कहा विस्तार से, सुन आसुरी ऐसे सदा॥

प्रवृत्तिं च निवृत्तिं च जना न विदुरासुराः।
न शौचं नापि चाचारो न सत्यं तेषु विद्यते।।7।।

जो आसुरी हैं स्वभाव के, क्या ठीक है नहीं जानते।
नहीं सत्य बोलना, श्रेष्ठ कार्य न, शुद्धता वे जान ते।।

असत्यमप्रतिष्ठं ते जगदाहुरनीश्वरम्।
अपरस्परसम्भूतं किमन्यत्कामहैतुकम्।।8।।

जन आसुरी कहते जगत, बिन ईश है बे आसरा।
स्त्री, पुरूष से जन्मा ये, और काम से ही ये भरा।।

एतां दृष्टिमवष्टभ्य नष्टात्मानोऽल्पबुद्धयः।
प्रभवन्त्युग्रकर्माणः क्षयाय जगतोऽहिताः।।9।।

इस झूठे ज्ञान से मन्द बुद्धि, नष्ट जिनका स्वभाव है।
उस क्रूर कर्मी को जगत के नाश में ही चाव है।।

काममाश्रित्य दुष्पूरं दम्भमानमदान्विताः।
मोहाद्ग्रहीत्वासद्ग्राहान्प्रवर्तन्तेऽशुचिव्रताः।।10।।

वो दम्भ, मान व मद भरे लेकर अतृप्त ही कामना।
अज्ञान, झूठ व भ्रष्ट सिद्धांतों में ही जीवन सना।।

चिन्तामपरिमेयां च प्रलयान्तामुपाश्रिताः।
कामोपभोगपरमा एतावदिति निश्चिताः।।11।।

ले आसरा चिन्ताओं का, जीवन वो अपना जीते हैं।
बस भोग विषयों में है सुख, ये जान खाते पीते हैं।।

आशापाशशतैर्बद्धाः कामक्रोधपरायणाः।
ईहन्ते कामभोगार्थमन्यायेनार्थसंचयान्।।12।।

कई इच्छाओं से वे बँधे, और काम क्रोध से युक्त जन।
अन्याय से भोगों के हेतु ही, प्राप्त करना चाहें धन।।

इदमद्य मया लब्धमिमं प्रपाप्स्ये मनोरथम्।
इदमस्तीदमपि मे भविष्यति पुनर्धनम्।।13।।

वे सोचा करते, ये मन की इच्छा, पूरी मैंने आज की।
मेरे पास इतना धन है, मुझको, कल मिलेगा और भी।।

असौ मया हतः शत्रुर्हनिष्ये चापरानपि।
ईश्वरोऽहमहं भोगी सिद्धोऽहं बलवान्सुखी।।14।।

ये शत्रु मैंने आज मारा, दूसरा मारूँगा कल।
मैं ईश हूँ ऐश्वर्य भोक्ता, सिद्ध और सुखी सबल।।

आढ्योऽभिजनवानस्मि-कोऽन्योऽस्ति सदृशो मया।
यक्ष्ये दास्यामि मोदिष्य इत्यज्ञानविमोहिताः।।15।।

मैं हूँ बड़े परिवार वाला, और बड़ा धनवान हूँ।
भोग, दान व यज्ञ भी मैं करूंगा, सुख की खान हूँ।।

अनेकचित्तविभ्रान्ता मोहजालसमावृताः।
प्रसक्ताः कामभोगुषु पतन्ति नरकेऽशुचौ।।16।।

अज्ञान से मोहित भ्रमित जो चित्त वाले फिरते हैं।
वो मोह जाल में फँस के आसुरी लोग नर्क में गिरते हैं।।

आत्मसम्भाविताः स्तब्धा धनमानमदान्विताः।
यजन्ते नामयज्ञैस्ते दम्भेनाविधिपूर्वकम्।।17।।

श्रेष्ठ मानें स्वंय को, धन, मान, मद में रहते हैं।
वो घमन्डी जन तो बस, सेवा भी नाम को करते हैं।।

अहंकारं बलं दर्प कामं क्रोधं च सश्रिताः।
मामात्मपरदेहेषु प्रद्विषन्तोऽभ्यसूयकाः।।18।।

निन्दक व क्रोधी, घमन्डी, बल का, अहंकार ही करते हैं।
वो द्वेष करते निज व सब में अन्तर्यामी जो रहते हैं।।

तानहं द्विषतः क्रूरान्संसारेषु नराधमान्।
क्षिपाम्यजस्त्रमशुभानासुरीष्वेय योनिषु।।19।।

उन द्वेष करने वाले पापी, क्रूर कर्मियों को सदा।
हर बार आसुरी योनि, जग में मैं ही देता सर्वदा।।

आसुरीं योनिमापन्ना मूढा जन्मनि।
मामप्राप्यैव कौन्तेय ततो यान्त्यधमां गतिमा।।20।।

वो मूर्ख जन मुझ को न पा, आसुरी योनी ही पाते हैं।
कई जन्म ले, अति नीच गति पा घोर नरक में जाते हैं।।

त्रिविधं नरकस्येदं द्वारं नाशनमात्मनः।
काम:क्रोधस्तथा लोभस्तस्मादेतत्त्रयं त्यजेत्।।21।।

ये काम लालच क्रोध सच में ही नरक का द्वार है।
ये करते आत्मा का पतन इन्हें त्यागना उपकार है।।

एतैर्विमुक्तत: कौन्तेय तमोद्वारैस्त्रिभिर्नरः।
आचरत्यात्मनः श्रेयस्ततो याति परां गतिम्।।22।।

इन तीनों से जो मुक्त हो, कल्याण निज कर पाता है।
इस से परमगति प्राप्त कर, वो मुझ को ही पा जाता है।।

यः शास्त्रविधिमुत्सृज्य वर्तते कामकारतः।
न स सिद्धिमवाप्नोति न सुखं न परां गतिम्।।23।।

जो शास्त्र विधि को छोड़, करते कर्म मन माना सदा।
वो पाते हैं नहीं परम गति और सिद्धि सुख ही सर्वदा।।

तस्माच्छास्त्रं प्रमाणं ते कार्याकार्यव्यवस्थितौ।
ज्ञात्वा शास्त्रविधानोक्तं कर्म कर्तुमिहार्हसि।।24।।

इस लिये कर्तव्य अपना शास्त्रों से तू जान ले।
क्या कर्म करना है, क्या नहीं उनको प्रमाण तू मान ले।।

सोलहवां अध्याय समाप्त हुआ।

✻

अध्याय सत्रह

अर्जुन ने भगवान श्री कृष्ण से कहा

ये शास्त्रविधिमुत्सृज्य यजन्ते श्रद्धायान्विताः।
तेषां निष्ठा तु का कृष्ण सत्त्वमाहो रजस्तमः।।1।।

हे कृष्ण जो जन शास्त्र विधि को छोड़ श्रद्धा युक्त है।
उसकी पूजा में स्वात्विकी, राजस या तामस तत्व है।।

भगवान श्री कृष्ण बोले

त्रिविधा भवति श्रद्धा देहिनां सा स्वभावजा।
सात्त्विकी राजसी चैव तामसी चेति तां शृणु।।2।।

जो शास्त्र बिन संस्कार के, केवल है श्रद्धा स्वभाव की।
सुन ले कैसी है सात्विकी, राजसी या तामसी।।

सत्तवानुरुपा सर्वस्य श्रद्धा भवति भारत।
श्रद्धामयोऽयं पुरुषो यो यच्छ्रद्धः स एव सः।।3।।

श्रद्धा सभी लोगों में अन्तः करण के अनुरूप है।
जिस पुरुष की जैसी हो श्रद्धा, वैसा उसका स्वरुप है।।

यजन्ते सात्त्विका देवान्यक्षरक्षांसि राजसाः।
प्रेतान्भूतगणांश्चान्ये यजन्ते तामसा जनाः।।4।।

स्वात्विकी पुरुष देवों को, राक्षस और यक्षों को राजसी।
जो भूत प्रेतों को पूजता, वो जन है जानो तामसी।।

अशास्त्रविहितं घोरं तप्यन्ते ये तपो जनाः।
दम्भाहङ्कारसंयुक्ताः कामरागबलान्विताः।।5।।

जो शास्त्र विधि से हीन, मन की इच्छा से ही करते तप।
वो कामना आसक्ति दम्भ व अंहकार से युक्त सब।।

कर्शयन्तः शरीरस्थं भूतग्राममचेतसः।
मां चौवान्तःशरीरस्थं तान्विद्ध्यासुरनिश्चयान्।।6।।

वो आसुरी हैं स्वभाव के, जो तन को अपना सुखाते हैं।
अन्तः करण में बसा हूँ मैं मुझको भी दुःख पहुँचाते हैं।।

आहारस्त्वपि सर्वस्य त्रिविधो भवति प्रियः।
यज्ञस्तपस्तथा दानं तेषां भेदमिमं शृणु।।7।।

जैसी हो जिसकी प्रकृति वो वैसा ही भोजन करते हैं।
सुन यज्ञ तप और दान भी में तीन तरह के रहते हैं।।

आयुःसत्त्वबलारोग्यसुखप्रीतिविवर्धनाः ।
रस्याःस्त्रिग्धाः स्थिरा हृद्याआहारा सात्त्विकप्रिया।।8।।

स्वास्थ्य, आयु, बुद्धि, बल, सुख, प्रीति को जो बढ़ाते हैं।
रस व घी से युक्त भोजन सात्विकी को भाते हैं।।

कट्वम्ललवणात्युष्णतीक्ष्णरुक्षविदाहिनः ।
आहारा राजसस्येष्टा दुःखशोकामयप्रदाः।।9।।

गरम, तीखे, कड़वे, रुखे, नमक अति जिसमें भरा।
जिस से हो दुखः और रोग चिन्ता राजसी को प्रिय सदा।।

यातयामं गतरसं पूति पर्युषितं च यत्।
उच्छिष्टमपि चामेध्यं भोजनं तामसप्रियम्।।10।।

आधा पका रस हीन, बासी जिसमें हो दुर्गन्ध भी।
बेकार और अपवित्र भोजन तामसी को प्रिय सभी।।

अफलाकांक्षिभिर्यज्ञो विधिदृष्टो य इज्यते।
यष्टव्यमेवेति मनः समाधाय स सात्त्विकः।।11।।

जो शास्त्र विधि से यज्ञ कर, समझे इसे कर्तव्य ही।
इच्छा न फल की हो कभी अर्जुन पुरुष वो सात्विकी।।

अभिसन्धाय तु फलं दम्भार्थमपि चैव यत्।
इज्यते भरतश्रेष्ठ तं यज्ञं विद्धि राजसम्।।12।।

जो फल की इच्छा से यज्ञ करते रहते हैं अर्जुन सदा।
उस यज्ञ को तुम जानना वो राजसी है सर्वदा।।

विधिहीनमसृष्टान्नं मन्त्रहीनमदक्षिणम्।
श्रद्धाविरहितं यज्ञं तामसं परिचक्षते।।13।।

बिना मंत्र अन्न व श्रद्धा के, शास्त्र विधि से हीन जो।
बिना दक्षिणा के हो रहा, कहलाता तामस यज्ञ वो।।

देवद्विजगुरुप्राज्ञपूजनं शौचमार्जवम्।
ब्रह्मचर्यमहिंसा च शारीरं तप उच्यते।।14।।

देव ब्राह्मण गुरु ज्ञानी, का ही पूजन सरलता।
ब्रह्मचर्य, पवित्रता, हिंसा न, तन के तप सदा।।

अनुद्वेगकरं वाक्यं सत्यं प्रियहितं च यत्।
स्वाध्यायाभ्यसनं चैव वाङ्मयं तप उच्यते।।15।।

सरल प्रिय और हित भरी, वाणी हो सच्चा नाम जप।
वेद शास्त्रों को पढ़ना ही, कहलाता है वाणी का तप।।

मनःप्रसादः सौम्यत्वं मौनमात्मविनिग्रहः।
भावसंशुद्धिरित्येतत्पो मानसमुच्यते।।16।।

मन प्रसन्न हो शान्त भाव हो और हरि चिन्तन सदा।
अन्तः करण की पवित्रता को मन समन्धी तप कहा।।

श्रद्धया परया तप्तं तपस्तत्त्रिविधं नरैः।
अफलाकांक्षिभिर्युक्तैः सात्त्विकं परिचक्षते।।17।।

फल की इच्छा न रखता जो, श्रद्धा से करता काम है।
इस तरह के तप का ही, कहलाता स्वत्विक नाम है।।

सत्कारमानपूजार्थं तपो दम्भेन चैव यत्।
क्रियते तदिह प्रोक्तं राजसं चलमध्रुवम्।।18।।

सत्कार मान व स्वार्थ पूजा के लिये जो किया है तप।
उसका अनिश्चित क्षणिक फल समझो उसे राजस है तप।।

मूढग्राहेणात्मनो यत्पीडया क्रियते तपः।
परस्योत्सादनार्थं वा तत्तामसमुदाहृतम्।।19।।

कष्ट दे के शरीर को हठ वाणी मन और मूर्खता।
जो दूसरों के अनिष्ट हेतु तप किया तामस कहा।।

दातव्यमिति यद्दानं दीयतेऽनुकारिणे।
देशे काले च पात्रे च तद्दानं सात्तिवकं स्मृतम्।।20।।

दान को कर्त्तव्य मान के, जो उचित पात्र को दान है।
देश, पात्र, समय को देख के दिया, स्वात्विक दान है।।

यत्तु प्रत्युपकारार्थं फलमुद्दिश्य वा पुनः।
दीयते च परिक्लिष्टं तद्दानं राजसं स्मृतम्।।21।।

कष्ट से फल के लिये जो भी दिया गया दान है।
उपकार के बदले दिया गया दान राजस दान है।।

अदेशकाले यद्दानमपात्रेभ्यश्च दीयते।
असत्कृतमवज्ञातं तत्तामसमुदाहृतम्।।22।।

बिना मान के अपमान से, जो अयोग्य को दिया दान है।
जो पात्र नहीं उसको दिया गया, वो ही तामस दान है।।

ऊं तत्सदिति निर्देशो ब्रह्मणस्त्रिविधः स्मृतः।
ब्रह्मणास्तेनं वेदाश्च यज्ञाश्च विहिताः पुरा।।23।।

ॐ तत् सत नाम सच्चिदानन्द ब्रह्म का सर्वदा।
वेद ब्राह्मण, यज्ञ सृष्टि में, शुरू से ही रचा सदा।।

तस्ममादोमित्युदाहत्य यज्ञदानतप: क्रिया।
प्रवर्तन्ते विधानोक्ता: सततं ब्रह्मवादिनाम्।।24।।

ॐ उच्चारण से होती श्रेष्ठ पुरुषों की सब क्रिया।
परमात्मा का नाम ही, तप दान यज्ञ भी जब किया।।

तदित्यनभिसन्धाय फलं यज्ञतप: क्रिया:।
दानक्रियाश्च विविधा: क्रियन्ते मोक्षकांक्षिभि:।।25।।

सब कुछ है परमात्मा का ही, तत् शब्द का यह भाव है।
यज्ञ दान व तप में कल्याणी पुरुष को चाव है।।

सद्भावे साधुभावे च सदित्येतत्प्रयुज्यते।
प्रशस्ते कर्मणि तथा सच्छब्द: पार्थ युज्यते।।26।

सत का अर्थ है सत्य भाव में रहते हैं परमात्मा।
कर्म उत्तम श्रेष्ठ भाव है शब्द सत अध्यात्मा।।

यज्ञे तपिस दाने च स्थिति: सदिति चोच्यते।
कर्म चैव तदर्थीयं सदित्येवाभिधीयते।।27।।

यज्ञ दान व तप को हर स्थिति में, सत् कहा जाता है।
निश्चित है परमात्मा के हेतु कर्म, सत् कहलाता है।।

अश्रद्धया हुतं दत्तं तपस्तप्तं कृतं च यत्।
असदित्युच्यते पार्थ न च तत्प्रेत्य नो इह।।28।।

हे पार्थ श्रद्धा के बिना, शुभ कर्म असत समान है।
मरने या जीवित रहने पर चाहे हवन तप या दान है।।

सत्रहवां अध्याय समाप्त हुआ।

✳

अध्याय अठारह

अर्जुन ने भगवान श्री कृष्ण से कहा

सन्नयासस्य महाबाहो तत्त्वमिच्छामि वेदितुम।
त्यागस्य च हृषीकेश पृथक्के शिनिषूदन।।1।।

हे अन्तर्यामी विराट वाहें, वासुदेव जी अब मुझे।
त्याग और सन्यास तत्व को अलग बतला दो मुझे।।

भगवान श्री कृष्ण ने कहा

काम्यानां कर्मणां न्यासं सन्नयासं कवयो विदुः।
सर्वकर्मफलत्यागं प्राहुस्त्यागं विचक्षणाः।।2।।

कुछ ज्ञानी कहते नियत कर्मों को त्यागना संन्यास है।
कुछ फल के त्याग को त्याग मानें उनका ये विश्वास है।।

त्याज्यं दोषवदित्येके कर्म प्राहुर्मनीषिणः।
यज्ञदानतपः कर्म न त्याज्यमिति चापरे।।3।।

सब कर्म दोषों से भरे विद्वान कुछ कहते यही।
कुछ कहते यज्ञ व दान तप नहीं, त्यागने के योग्य भी।।

निश्चयं शृणु मे तत्र त्यागे भरतसत्तम।
त्यागो हि पुरुषव्याघ्र त्रिविधः सम्प्रकीर्तित।।4।।

अर्जुन सुनो सन्यास एवं त्याग मैं क्या मानता।
है त्याग स्वत्विकी, राजसी और तामसी में असमानता।।

यज्ञदानतपः कर्म न त्याज्यं कार्यमेव तत्।
यज्ञो दानं तपश्चैव पावनानि मनीषिणाम्।।5।।

यज्ञ दान व तप परम कर्त्तव्य कर्म है सर्वदा।
ये बुद्धिमान मनुष्य को भी पवित्र करते हैं सदा।।

एतान्यपितु कर्माणि सङ्त्यक्त्वा फलानि च।
कर्तव्यानीति मे पार्थ निश्चतं मतमुत्त्मम्।।6।।

इसलिए फल त्याग, यज्ञ व दान तप ही सदा करो।
मेरा ये निश्चित मत है उत्तम, ध्यान इसमें दिया करो।।

नियतस्य तु सन्नयास: कर्मणो नोपपद्यते।
मोहात्तस्य परित्यागस्तामस: परिकीर्तित:॥7॥

बेकार कर्मों का त्याग पर, नहीं नियत कार्मों को त्यागना।
यदि मोह से हो त्याग तो, वो त्याग तामस जानना॥

दु:खमित्येव यत्कर्म कायक्लेशभयात्त्यजेत्।
स कृत्वा राजसं त्यागं नैव त्यागफलं लभेत्॥8॥

सब कर्म दु:ख का रूप, भय, तन, क्लेश से जो त्यागता।
वह त्याग राजस है न देता फल कभी भी सर्वदा॥

कार्यमित्येव यत्कर्म नियतं क्रियतेऽर्जुन।
सङ्गं त्यक्त्वा फलं चैव स त्याग: सात्त्विको मत:॥9॥

अर्जुन जो शास्त्रों में कर्म है कर्त्तव्य अपना मान ले।
आसक्ति और फल त्याग, स्वात्विकी त्याग है ये जान ले॥

न द्वेष्ट्यकुशलं कर्म कुशले नानुषज्जते।
त्यागी सत्त्वसमाविष्टो मेधावी छिन्नसंशय:॥10॥

नहीं द्वेष अकुशल कर्म में नहीं कुशल में आसक्त है।
बिन संशयी मतिमान त्यागी सत्वगुण से युक्त है॥

न हि देहभृता शक्यं त्यक्तुं कर्माण्यशेषत:।
यस्तु कर्मफलत्यागी स त्यागीत्यभिधीयते॥11॥

त्यागना संभव नहीं है कर्म का, पा मनुष्य तन।
फल कर्म के जो त्यागता, कहलाता है वो त्यागी जन॥

अनिष्टमिष्टं मिश्रं च त्रिविधं कर्मण फलम्।
भवत्यत्यागिनां प्रेत्य न तु सन्नयासिनां क्वचित्॥12॥

अच्छे बुरे कर्मों का फल, जन त्याग जो नहीं करते हैं।
मरने के बाद भी कर्म वो, फल के लिये संग चलते हैं॥

पंचैतानि महाबाहो कारणानि निबोध मे।
साङ्ख्ये कृतान्ते प्रोक्तानि सिद्धये सर्वकर्मणाम्।।13।।
हे पार्थ सारे कर्मों में सिद्धि के कारण तू सुन।
अन्त सब कर्मो के हेतु सांख्यशास्त्र का कर मनन।।
अधिष्ठानं तथा कर्ता करणं च पृथग्विधम्।
विविधाश्च पृथक्चेष्टा दैवं चैवात्र पंचमम्।।14।।
सब कर्मो में कर्त्ता करण और सिद्धि के कारण तू जान।
भिन्न-भिन्न प्रयास और संस्कारों को तू देव मान।।
शरीरवांङ्मनोभिर्यत्कर्म प्रारभते नरः।
न्याय्यं वा विपरीतं वा पंचैते तस्य हेतवः।।15।।
कर्म मन वाणी शरीर से शास्त्रानुकूल जो करते हैं।
विपरीत या इससे ही उन के पाँच कारण रहते हैं।।
तत्रैवं सति कर्तारमात्मानं केवलं तु यः।
पश्यत्यकृतबुद्धित्वान्न स पश्यति दुर्मतिः।।16।।
पर शुद्ध-बुद्धि न होने पर आत्मा को कर्ता समझता है।
उसकी है दूषित बुद्धि अज्ञानी न कुछ भी समझता है।।
यस्य नाहंकृतो भावो बुद्धिर्यस्य न लिप्यते।
हत्वापि स इमाँल्लोकान्न हन्ति न निबध्यते।।17।।
जिस पुरूष के अन्तः करण में कर्ता का नहीं भाव है।
सब लोकों को भी मार कर लगता उसे नहीं पाप है।।
ज्ञानं ज्ञेयं परिज्ञाता त्रिविधा कर्मचोदना:।
करणं कर्म कर्तेति त्रिविधः कर्मसंग्रहः।।18।।
ज्ञान ज्ञाता ज्ञेय ये हैं तीन कर्म की प्ररेणा।
कर्ता करण और क्रिया को कर्म संग्रह समझना।।
ज्ञानं कर्म च कर्ता च त्रिधैव गुणभेदतः।
प्रोच्यते गुणसंख्याने यथावाच्छृगु तान्यपि।।19।।
ज्ञान, कर्म व कर्ता के गुण, शास्त्रों में ही तीन ही।
भलीभाँति सुन ले उन गुणों के, भेद अर्जुन तू अभी।।

सर्वभूतेषु येनैकं भावमव्ययमीक्षते।
अविभक्तं विभक्तेषु तज्ज्ञानं विद्धि सात्त्विकम्।।20।।

जिस भाव से सब प्रणियों में दिखे एक भगवान है।
उस ज्ञान को स्वात्विक समझना बहुत ही आसान है।।

पृथक्त्वेन तु यज्ज्ञानं नानाभावान्पृथग्विधान्।
वेत्ति सर्वेषु भूतेषु तज्ज्ञानं विद्धि राजसम्।।21।।

जिस भाव से सब प्रणियों में भिन्नता का भान है।
सबमें अलग लगे भाव जो, वो ज्ञान राजस ज्ञान है।।

यत्तु कृत्स्नवदेकस्मिन्कार्ये सक्तमहैतुकम्।
अतत्तवार्थवदल्पं च तत्तामसमुदाहतम्।।22।।

आसक्त एक शरीर में बिन युक्ति का जो ज्ञान है।
जो तुच्छ, तत्व रहित है, समझो तामसी वो ज्ञान है।।

नियतं संगरहितमरागद्वेषतः कृतम्।
अफलप्रेप्सुना कर्म यत्तत्सात्त्विकमुच्यते।।23।।

जो शास्त्र विधि से फल की आशा के बिना जो कर्म है।
अभिमान राग और द्वेष बिन, वो ही स्वात्विक कर्म है।।

यत्तु कामेप्सुना कर्म साहंकारेण वा पुनः।
क्रियते बहुलायासं तद्राजसमुदाहृतम्।।24।।

अति ही परिश्रम से जो भोगों के लिये किया कर्म है।
वो अंहकार से युक्त कर्म ही जानो राजस कर्म है।।

अनुबन्धं क्षयं हिंसामनवेक्ष्य च पौरुषम्।
मोहादारभ्यते कर्म यत्तत्तामसमुच्यते।।25।।

परिणाम हिंसा हानि और सामर्थ को न विचारना
अज्ञान से आरम्भ कर्म को पार्थ तामस जानना।।

मुक्तसंगोऽनहंवादी धृत्युत्साहसमन्वितः।
सिद्ध्यसिद्ध्योर्निर्विकारः कर्ता सात्त्विक उच्यते।।26।।

जो कर्ता संग रहित व धीरज वाला है उत्साही भी।
हर्ष शोक मे सम रहे, बिन अंहकारी है स्वत्विकी।।

रागी कर्मफलप्रेप्सुर्लुब्धो हिंसात्मकोऽशुचिः।
हर्षशोकान्वितः कर्ता राजसः परिकीर्तितः।।27।।

हर्ष, शोक में लिप्त, फल को चाहता लोभी सदा।
दे कष्ट औरों को सदा, वो राजसी है सर्वदा।।

अयुक्तः प्राकृतः स्तब्धः शठो नैष्कृतिकोऽलसः।
विषादी दीर्घसूत्री च कर्ता तापस उच्यते।।28।।

शिक्षा रहित, कर्ता अयुक्त करे नाश औरों की जीविका।
उस धूर्त और घमन्डी को ही, आलसी तामसी कहा।।

बुद्धेर्भेदं धृतेश्चैव गुणतस्त्रिविधं श्रृण।
प्रोच्यमानमशेषेण पृथकत्वेन धनञ्जय।।29।।

हे पार्थ बुद्धि व धृति के, अब तू जान ले क्या प्रकार है।
विस्तार से सब जान ले क्या तीनों का आकार है।।

प्रवृत्तिं च निवृत्तिं च कार्याकार्ये भयाभये।
बन्धं मोक्षं च यावेत्ति बुद्धिः सा पार्थ सात्त्विकी।।30।।

है पार्थ बुद्धि प्रवृति और निवृति मार्ग जो जानती।
मोक्ष-बन्धन भय, अभय, कर्तव्य जाने वो स्वात्विकी।।

यया धर्ममधर्म च कार्य चाकयेमेव च।
अयथावत्प्रजानाति बुद्धिः सा पार्थ राजसी।।31।।

हे पार्थ बुद्धि जो धर्म और अर्धम को नहीं मानती।
क्या उसका है कर्त्तव्य ये जाने न वो है राजसी।।

अधर्मं धर्ममिति या मन्यते तमसावृता।
सर्वार्थान्विपरीतांश्च बुद्धिः सा पार्थ तामसी।।32।।

तमोगुण से जो रहती ढकी, विपरीत बातें मानती।
अर्जुन, अर्धम को धर्म जो माने वो बुद्धि है तामसी।।

धृत्या यया धारयते मनःप्राणेन्द्रियक्रियाः।
योगेनाव्यभिचारिण्या धृतिः सा पार्थ सात्त्विकी।।33।।

हे पार्थ इन्द्रियाँ प्राण मन जो जन हरि में लगाता है।
वो दोष दृष्टी रहित है, स्वात्विकी धृति वाला जन कहलाता है।।

यया तु धर्मकामार्थान्धृत्या धारयतेऽर्जुन।
प्रसंगेन फलाकांक्षी धृतिः सा पार्थ राजसी।।34।।

अर्जुन जो फल की इच्छा से जन जो भी करता कर्म है।
वह राजसी धृति, कामना की पूर्ति ही धन धर्म है।।

यया स्वप्नं भयं शोकं विषादं मदमेव च।
न विमुंचति दुर्मेधा धृतिःसा पार्थ तामसी।।35।।

जन दुष्ट बुद्धि, निद्रा भय चिन्ता को छोड़ न पाता है।
दुखों में रहता तामसी धृति वाला, वो कहलाता है।।

सुखं त्विदानीं त्रिविधं शृणु मे भरतर्षभ।
अभ्यासाद्रमते यत्र दुःखान्तं च निगच्छति।।36।।

अर्जुन सुनो सुख के प्रकार जिसमें दुखों का नाश है।
जिस मनुष्य में ध्यान, भजन व सेवा भक्ति का वास है।।

यत्तदग्रे विषमिव परिणामेऽमृतोपमम्।
तत्सुखं सात्त्विकं प्रोक्तमात्मबुद्धिप्रसादजम्।।37।।

विष की तरह जो पहले, अमृत बाद में ये जान लो।
परमात्म विषयक बुद्धि सुख है, स्वात्विकी ये मान लो।।

विषेन्द्रियसंयोगाद्यत्तदग्रेऽमृतोपमम् ।
परिणामे विषमिव तत्सुखं राजसं स्मृतम्।।38।।

इन्द्रियों का सुख जो, अमृत जैसा लगता भोग में।
विष के जैसा अन्त में, सुख राजसी इस लोक में।।

यदग्रे चानुबन्धे च सुखं मोहनमात्मनः।
निद्रालस्यप्रमादोत्थं तत्तामसमुदाहृतम्।।39।।

सुख भोग जो परिणाम में, आत्मा को मोहित करते हैं।
आलस्य नींद प्रमाद सुख को तामसी सुख कहते हैं।।

न तदस्ति पृथिव्यां वा दिवि देवेषु वा पुनः।
सत्त्वं प्रकृतिजैर्मुक्तं यदेभिःस्यात्त्रिभिर्गुणैः।।40।।

देवता, आकाश या पृथ्वी में ऐसा कोई भी।
तीनों गुणों से रहित हो, जिसमें न हो ये गुण कभी।।

ब्राह्मणक्षत्रियविशां शूद्राणां च परन्तप।
कर्माणि प्रविभक्तानि स्वभावप्रभववैर्गुणैः।।41।।

गुणों, कर्मों के ही स्वभाव से हैं, अलग जग के लोग भी।
अर्जुन वो ब्राह्मण हो या क्षत्रिय, या हो वैश्य या शूद्र भी।।

शमो दमस्तपः शौचं क्षान्तिरार्जवमेव च।
ज्ञानं विज्ञानमास्तिक्यं ब्रह्मकर्म स्वभावजम्।।42।।

दमन इन्द्रियाँ करता ब्राह्मण, कष्ट सहता धर्म हित।
क्षमा करना वेद पढ़ना, ईश में श्रद्धा अमिट।।

शौर्यं तेजो धृतिर्दाक्ष्यं युद्धे चाप्यपलायनम्।
दानमीश्वरभावश्च क्षात्रं कर्म स्वभावजम्।।43।।

तेज, धैर्य हो चतुर दानी, वीर युद्ध से नहीं हटे।
ये स्वाभाविक कर्म क्षत्रिय के जो रहते हैं डटे।।

कृषिगौरक्ष्यवाणिज्यं वैश्यकर्म स्वभावजम्।
परिचर्यात्मकं कर्म शूद्रस्यापि स्वाभावजम्।।44।।

खेती गोपालन व क्रय बिक्रय ये कर्म हैं वैश्य के।
सेवा सब वर्णों की करना, कर्म ये हैं शूद्र के।।

स्वे स्वे कर्मण्यभिरतः संसिद्धिं लभते नरः।
स्वकर्मनिरतः सिद्धिं यथा विन्दति तच्छृणु।।45।।

अपने स्वभाविक कर्म कर, नर प्राप्त प्रभु को करता है।
सुन कैसे कर्म को करके नर, प्राप्त सिद्धि को करता है।।

यतः प्रवृत्तिर्भूतानां येन सर्वमिदम ततम्।
स्वकर्मणा तमभ्यर्च्य सिद्धिं विन्दति मानवः।।46।।

अपने स्वभाविक कर्म कर, नर परम सिद्धि को पाता है।
इस जगत का जो रचयिता वो ईश सब में समाता है।।

श्रेयान्स्वधर्मो विगुणः परधर्मात्स्वनुष्ठितात्।
स्वभावनियतं कर्म कुर्वन्नाप्नोति किल्बिषम्।।47।।

इस लिये गुण रहित तेरा कर्म धर्म है श्रेष्ठतर।
दूसरों का धर्म पालन करके पाता पाप नर।।

सहजं कर्म कौन्तेय सदोषमपि न त्यजेत्।
सर्वारम्भा हि दोषेण धूमेनाग्निरिवावृताः।।48।।

इसलिये अर्जुन भरे हों, दोषों से तेरे कार्य भी।
पर त्यागना नहीं, सब ढके जैसे धुऐ से आग भी।।

असक्तबुद्धि सर्वत्र जितात्मा विगतस्पृहः।
नैष्कर्म्यसिद्धिं परमा संन्यासेनाधिगच्छति।।49।।

आसक्ति रहित हो बुद्धि, अतंःकरण को नर जीत कर।
सर्वोच्च सिद्धि को प्राप्त करता, सांख्य योग के मार्ग पर।।

सिद्धिं प्राप्तो यथा ब्रह्म तथाप्नोति निबोध मे।
समासेनैव कौन्तेय निष्ठा ज्ञानस्य या परा।।50।।

सर्वोच्च सिद्धि ही ज्ञान योग की परम निष्ठा जान लो।
जन कैसे पाता ब्रह्म को संक्षिप्त में ये जान लो।।

बुद्ध्या विशुद्धया युक्तो धृत्यात्मानं नियम्य च।
शब्दादीन्विषयांस्त्यक्त्वा रागद्वेषौ व्युदस्य च।।51।।

नित शुद्ध बुद्धि से युक्त, स्वात्विक हल्का भोजन करता हो।
शब्द विषयों को त्याग, शुद्ध ही जगह में जो रहता हो।।

विविक्तसेवी लघ्वाशी यतवाक्कायमानस:।
ध्यानयोगपरो नित्यं वैराग्यं समुपाश्रित:।।52।।

मन व वाणी शरीर, इन्द्रियाँ वश में करने वाला हो।
वैराग्य दृण कर राग द्वेष को नष्ट करने वाला हो।।

अहंकारं बलं दर्प कामं क्रोधं परिग्रहम्।
विमुच्य निर्मम: शान्तो ब्रह्मभूयाय कल्पते।।53।।

काम क्रोध, घमण्ड, बल का अंहकार न करता हो।
ममता रहित नित ध्यान शान्ति से ब्रह्म भाव में रहता हो।।

ब्रह्मभूत: प्रसन्नात्मा न शोचित न कांक्षति।
सम: सर्वेषु भूतेषु मद्भक्तिं लभते पराम्।।54।।

मन प्रसन्न हो योगी का, जो ब्रह्म में ही टिका सदा।
सम भावी, शोक न कामना, मेरी भक्ति पाता सर्वदा।।

भक्त्या मामभिजानाति यावान्यश्चास्मि तत्त्वत:।
ततो मां तत्त्वतो ज्ञात्वा विशते तदनन्तरम्।।55।।

पराभक्ति से मेरे तत्व को मेरा भक्त जान जो जाता है।
मेरे स्वरूप को प्राप्त कर, मेरे जैसा वो जाता है।।

सर्वकर्माण्यपि सदा कुर्वाणो मद्व्यपाश्रय:।
मत्प्रसादादवाप्नोति शाश्वतं पदमव्ययम्।।56।।

मेरे परायण कर्मयोगी हो कर्म सब कर जाता है।
मेरी कृपा से सनातन वो परम पद पा जाता है।।

चेतसा सर्वकर्माणि मयि संन्यस्य मत्पर:।
बुद्धियोगमुपाश्रित्य मच्चित्त: सततं भव।।57।।

सब कर्मों को मन से समर्पित, मुझमें करने वाला हो।
सम बुद्धि से मेरे परायण, ऐसा वो चित्त वाला हो।।

मच्चित्त: सर्वदुर्गाणि मत्प्रसादात्तरिष्यसि।
अथ चेत्त्वमहंकारन्न श्रोष्यसि विनङ्क्ष्यसि।।58।।

मुझमें लगा कर चित्त, संकट पार सब कर जायेगा।
बन अंहकारी न सुन मुझे, तू नष्ट, भ्रष्ट हो जायेगा।।

यदहंकारमाश्रित्य न योत्स्य इति मन्यसे।
मिथ्यैष व्यवसायस्ते प्रकृतिस्त्वां नियोक्ष्यति।।59।।

तू अंहकारी बन के कहता है युद्ध तू नहीं करेगा।
निश्चय ये झूठा स्वभाव सच में, युद्ध ही तू करेगा।।

स्वभावजेन कौन्तेय निबद्ध: स्वेन कर्मणा।
कर्तुनेच्छसि यन्मोहात्करिष्यस्यवशोऽपि तत्।।60।।

हे कुन्ती पुत्र तू मोह से नहीं करना चाहता कर्म है।
तू सब करेगा स्वभाव से, तुझसे जुड़ा जो कर्म है।।

ईश्वर: सर्वभूतानां हृद्देशेऽर्जुन तिष्ठति।
भ्रामयन्सर्वभूतानि यन्त्रारूढानि मायया।।61।।

कर्मानुसार मैं माया से अर्जुन भ्रमण करवाता हूँ।
सब प्राणियों के हृदय बैठ के, यन्त्र सा मैं घुमता हूँ।।

तमेव शरणं गच्छ सर्वभावेन भारत।
तत्प्रासादात्परां शान्तिं स्थानं प्राप्स्यसि शाश्वतम्।।62।।

हे पार्थ तू हर ओर से, परमात्म शरण जो आयेगा।
उनकी कृपा से परम शान्ति, व परम धाम पायेगा।।

इति ते ज्ञानमाख्यातं गुह्याद्गुह्यतरं मया।
विमृश्यैतदशेषेण यथेच्छसि तथा कुरु।।63।।

ये गूढ़ से अति गूढ़ ज्ञान रहस्य को तू जानकर।
भलीभाँति सोच विचार कर जैसा तू चाहे वैसा कर।।

सर्वगुह्यतमं भूयः श्रृण मे परमं वचः।
इष्टोऽसि मे दृढमिति ततो वक्ष्यामि ते हितम्।।64।।

अब और भी अति गूढ़ मेरे रहस्यमय वचनों को सुन।
अति प्रिय मुझे तू है तभी तो, हित भरे सुन ले वचन।।

मन्मना भव मद्भक्तो मद्याजी मां नमस्कुरु।
मामेवैष्यसि सत्यं ते प्रतिजाने प्रियोऽसि मे।।65।।

मुझ में लगाकर मन को अर्जुन, भक्त बन पूजा भी कर।
इस से तू अति प्रिय प्राप्त होगा, मुझको मेरा है सत्य प्रण।।

सर्वधर्मान्परित्यज्य मामेकं शरणं व्रज।
अहं त्वा सर्वपापेभ्यो मोक्षयिष्यामि मा शुचः।।66।।

तू एक मेरी शरण में आ जा, सारे धर्मों को छोड़कर।
मैं मुक्त सब पापों से कर दूँगा, न अब तू शोक कर।।

इदं ते नातपस्काय नाभक्ताय कदाचन।
न चाशुश्रूषवे वाच्यं न च मां योऽभ्यसूयति।।67।।

कहना नहीं ये गीता ज्ञान, रहस्य को किसी काल में।
तप हीन, दोषी, अभक्त को, सुनता न जो किसी हाल में।।

य इमं परमं गुह्यं मद्भक्तेष्वभिधास्यति।
भक्तिं मयि परां कृत्वा मामेवैष्यत्यसंशय।।68।।

जो जन मुझे कर प्रेम, मेरा रहस्य गीता ज्ञान ये।
भक्तों से कह के प्राप्त होगा, मुझको सत्य ये मान ले।।

न च तस्मान्मनुष्येषु कश्चिन्मे प्रियकृत्मः।
भविता न च मे तस्मादन्यः प्रियेतरो भुवि।।69।।

उससे बड़ा प्रिय कार्य कर्ता, मेरा कोई है नहीं।
पृथ्वी में सारी उससे प्रिय नहीं है, ना फिर होगा कभी।।

अध्येष्यते च य इमं धर्म्य संवादमावयोः।
ज्ञानयज्ञेन तेनाहमिष्टः स्यामिति मे मतिः।।70।।

इस धर्ममय संवाद गीता शास्त्र को जो पढ़ेगा।
मैं मानता इस ज्ञान यज्ञ से, मेरा पूजन करेगा।।

श्रद्धावाननसूयश्चश्रृणुयादपि यो नरः।
सोऽपिमुक्तः शुभाँल्लोकान्प्राप्नुयात्पुण्यकर्मणाम्।।71।।

श्रद्धा से जो जन, दोष दृष्टि रहित हो गीता सुनेगा।
वह भी पापों से मुक्त हो, फिर श्रेष्ठ लोकों में विचरेगा।।

कच्चिदेतच्छ्रुतं पार्थ त्वयैकाग्रेण चेतसा।
कच्चिदज्ञानसमोहः प्रनष्टस्ते घनञ्जय।।72।।

हे पार्थ गीता शास्त्र को, एकाग्र से क्या सुन लिया।
हुआ नष्ट मोह का जिसने है, अज्ञान से ही जनम लिया।।

अर्जुन ने भगवान श्री कृष्ण से कहा

नष्टो मोहः समृतिर्लब्धा त्वत्प्रसादान्मयाच्युत।
स्थितोऽस्मि गतसंदेहः करिष्ये वचनं तव।।73।।

हे कृष्ण आपकी कृपा से, सब मोह मेरा नष्ट है।
संशय रहित हूँ करूँगा अब जो, कार्य मेरा अभीष्ट है॥

संजय ने राजा धृतराष्ट्र से कहा

इत्यहं वासुदेवस्य पार्थस्य च महात्मनः।
संवादमिममश्रौषमद्भुतं रोमहर्षणम्॥74॥

इस प्रकार से वासुदेव, महात्मा अर्जुन का कथन।
अद्‌भुत तथा रोमांचकारी रहस्य का है किया श्रवण॥

व्यासप्रसादाच्छ्रुतवानेतद्गुह्यमहं परम्।
योगं योगेश्वरात्कृष्णात्साक्षात्कथयतः स्वयम्॥75॥

श्री व्यास जी कृपा से पा, दिव्य दृष्टि को कभी।
सुन लिया अर्जुन व योगेश्वर की वाणी को अभी॥

राजन्संस्मृत्य संस्मृत्य संवादमिममद्भुतम्।
केशवार्जुनयोः पुण्यं हृष्यामि च मुहुर्मुहुः॥76॥

सुनके राजन कृष्ण अर्जुन के वचन ये रहस्यमय।
हर्षित हूँ मैं कर याद अद्‌भुत और वो कल्याणमय॥

तच्च संस्मृत्य संस्मृत्य रूपमत्यद्भुतं हरेः।
विस्मयो मे महान् राजन्हृष्यामि च पुनः पुनः॥77॥

उस विलक्षण रूप को राजन जो सुमिरन कर रहा।
चित्त में आश्चर्य अति हर्षित में पल पल हो रहा॥

यत्र योगेश्वरः कृष्णो यत्र पार्थो धनुर्धरः।
तत्र श्रीर्विजयो भूतिर्ध्रुवा नीतिर्मतिर्मम॥78॥

राजन जहाँ योगेश कृष्ण, व धर्नुधारी पार्थ है।
मेरे मत से श्री जय अचल नीति, विभूति का ही वास है॥

अठारहवां अध्याय समाप्त हुआ।

हरि ॐ तत्सत्

❋

गीता-सार

हे पार्थ जब जब धर्म की हो हानि, बढ़ता पाप है।
तब तब मेरा साकार रूप ही, प्रकट होता आप है॥

सज्जन जनों को तारने, और पापीयों का मारने।
हर युग में मैं ही प्रकट होता हूँ, धर्म को ही उबारने॥

अधिकार तेरा कर्म करने में है बस, फल में नहीं।
तू कर्म करना न छोड़ना, आशा में फल की भी कभी॥

इस धर्म युद्ध को छोड़ तू, धर्मी नहीं कहलाएगा।
अपकीर्ति होगी तेरी और, तू पापी भी हो जाएगा॥

हे पार्थ तू हर समय में मुझे याद कर और युद्ध कर।
निश्चित मुझे ही पायेगा मन बुद्धि को अर्पण तू कर॥

निज को गिराए या उठाए ये सब है अपने हाथ में।
ये मनुष्य अपना मित्र या शत्रु है, अपने आप में॥

जो अपने जैसा औरों का सुख दुःख बराबर जानता।
है श्रेष्ठ योगी वो सदा सब में जो मुझ को मानता॥

मेरे सिवा कुछ भी नहीं है, पार्थ इस संसार में।
कण-कण पिरोया मुझ में जैसे, रत्न हो किसी हार में॥

जो जन मुझे कर प्रेम मेरा, गूढ़ गीता ज्ञान ये।
भक्तों से कह के प्राप्त होगा, मुझको सत्य ये जान ले॥

उससे बड़ा प्रिय कार्य कर्ता मेरा कोई है नहीं।
पृथ्वी में सारी उससे प्रिय नहीं है ना फिर होगा कभी॥